U0360334

中部城市

The Rise of Cities in Central China

崛起

陈宪　石章强　王赟赟　等

——著

上海交通大学出版社
SHANGHAI JIAO TONG UNIVERSITY PRESS

内容提要

    本书从历史变迁、区位空间、发展政策、产业体系等方面对山西、安徽、江西、河南、湖北、湖南等中部六省的主要城市进行了分析,讲述了中部城市崛起的中国意义。本书还从城市的产业、园区、企业、文旅等角度,为中部城市进一步发展提供了方向和方法指引。本书的读者对象为城市管理者、城市领域的研究者和对城市发展感兴趣的各界人士。

图书在版编目(CIP)数据

    中部城市崛起 / 陈宪等著. —上海:上海交通大学出版社,2024.3
    ISBN 978 - 7 - 313 - 30192 - 5

    Ⅰ.①中… Ⅱ.①陈… Ⅲ.①城市经济—经济发展—研究—中国 Ⅳ.①F299.21

    中国国家版本馆 CIP 数据核字(2024)第 035321 号

中部城市崛起
ZHONGBU CHENGSHI JUEQI

著　　者:陈　宪　石章强　王赟赟　等
出版发行:上海交通大学出版社　　　　　　地　　址:上海市番禺路 951 号
邮政编码:200030　　　　　　　　　　　　　电　　话:021 - 64071208
印　　制:苏州市越洋印刷有限公司　　　　经　　销:全国新华书店
开　　本:880 mm×1230 mm　1 / 32　　　印　　张:9
字　　数:175 千字
版　　次:2024 年 3 月第 1 版　　　　　　　印　　次:2024 年 3 月第 1 次印刷
书　　号:ISBN 978 - 7 - 313 - 30192 - 5
定　　价:88.00 元

前　言

　　改革开放以来,中国经济社会演进的一个重要逻辑是城市化。城市崛起潮起东部,尤其是东南沿海。早期的经济特区、沿海开放城市和计划单列市都在东部地区,主要在东南区域。2022 年,中国经济总量排名前 20 位的城市,有 15 座在东部。

　　近年来,中部城市的突进式发展引起了国人的关注。2022 年,中国经济总量排名前 20 位的城市中有 3 座中部城市——武汉、长沙和郑州,还有位列第 21 位的合肥。它们已经并将继续成为引领中部崛起的重要力量。中部城市崛起将全面带动中部崛起,并将与东西部联动,实现区域板块的协同发展。

　　"中原定,天下安。"中部地区处于承接东西、纵贯南北的中轴位置,区位优势明显,是重要的交通枢纽,能源原材料工业基地和商品粮、农产品生产基地,在中国经济版图上占据着重要位置。中部地区以占全国 10.7% 的土地面积,养育着占全国 26.5% 的人口。2022 年,中部地区 GDP 占全国 GDP 的比重为 22.15%,相比 2017 年增加了 6.37 个百分点。中部地区的人口规模、经济总量和市场潜力等在全国有着重要地位。

中部城市崛起意义重大。从加快构建以国内大循环为主体、国内国际双循环相互促进的新发展格局上看,国内大循环需要依托国内超大规模市场,而中部地区的人口和市场规模巨大,且具有枢纽地位,发挥着关键作用。如果中部的商品要素能够顺畅流动,生产要素能够优化配置,将极大地促进中国经济有序循环,内外协同,合力共进。从联动区域经济均衡发展上看,在京津冀、长三角、粤港澳大湾区和成渝双城城市圈四极组成的菱形中,作为内核,中部地区高质量发展是西部大开发形成新格局、东北振兴取得新突破、东部地区加快推进现代化的关键枢纽。从中国整体可持续发展的角度上看,中部地区是中国的"腰",只有"腰板"直了,中国这个巨人才能走得正、走得稳,中国经济才能协调健康发展。

2019年5月21日,习近平总书记在南昌主持召开推动中部地区崛起工作座谈会,他就做好中部地区崛起工作提出了八点意见:推动制造业高质量发展,提高关键领域自主创新能力,优化营商环境,积极承接新兴产业布局和转移,扩大高水平开放,坚持绿色发展,做好民生领域重点工作,完善政策措施和工作机制。这是推动中部崛起再上新台阶的根本遵循。

习近平总书记首先指出的是推动制造业高质量发展,无疑牵住了中部地区经济高质量发展的"牛鼻子"。制造业是立国之本、强国之基,是发展实体经济的着力点。如果没有足够的产业竞争力支撑,那么中部地区将无法承担起国内大循环"中轴、枢纽"的重任。不同于东部建立起来的与国际产品分工体系相衔接的制造业体系,中部城市群应该发挥后发优势,着眼国内大循环和国内国际双循环,构建现代化产业体系,推动制造业高质量发展。

中部地区要积极"探索经济区与行政区适度分离改革",加强城市间、地区间的联结和沟通,有意识地推进都市圈和城市群的规划建设。在都市圈、城市群的框架下,确立各自的分工与责任,以实现在更大空间范围的协同发展和资源优化配置。通过加强城市间的合作与互动,形成集聚效应和协同效应,提升区域整体竞争力和吸引力。

目　录

第1章
中国城市发展的空间演化

　　"承东启西,连南接北",这 8 个字概括了中国中部地区(见图
1-1) 得天独厚的区位优势。如何将区位优势转化为竞争优势和
经济优势? 转化路径是多方面的,其中一个重要方面,是重构城市
体系,以不断优化的城市格局,引领和推动区域经济高质量发展。

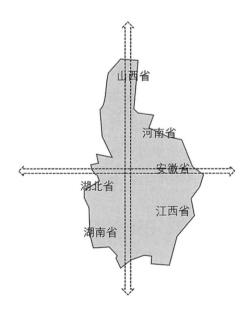

图 1-1　中国中部区域示意图

1.1 中国城市的集聚发展

改革开放以来,中国城市发展的空间演化表现出两种基本形态:集聚发展和集群发展。这与其他大国的城市发展空间样态是一致的,也符合区域经济和城市经济理论揭示的空间发展规律。集聚发展首先出现在东部地区。基本国情、城镇化率和行政力量等因素决定了改革开放初期中国城市集聚发展的空间格局。

中国的人口资源和经济资源集中在"胡焕庸线"的东南面。根据 2000 年第五次全国人口普查资料,经计算可知,"胡焕庸线"的东南半壁的面积占全国国土面积的 43.8%,其人口占全国总人口的 94.1%。"胡焕庸线"在某种程度上也成为我国城镇化水平的分割线:这条线的东南部各省区市,绝大多数城镇化水平高于全国平均水平;而这条线的西北部各省区市,绝大多数城镇化水平低于全国平均水平。1978 年,我国的城镇化率大约为 17.92%(见图 1-2)。此后 40 多年的中国城市发展,就是在这个基础上起步的。正因为这个很低的城镇化率,东部城市发展,即中国现代城市的早期发展,呈高度集聚的特征。在城市化初期,城市发展客观上要在东部地区,主要是东南部沿海地区,以集聚的形式起步。这是基本国情和当时城镇化率条件下客观规律作用的结果。

在改革开放初期,行政资源是改革开放的推动力。城市的集聚发展就是在一道道"金牌"的作用下形成的。在早期,赶超战略驱使政府通过工业化和城市化的快速发展,早日实现现代化,缩短与发达国家的差距。在后来的一个时期,国际竞争格局促使我们继续保持较高速度的增长。但区域发展和产业发展有较大的不同。在区域发展中,政府发挥作用的空间比较大。这是因为,各级地方政府在区域发展中扮演着重要角色,诸如区域发展规划、各种专项规划,以及区域协调发展,都是在政府的主持和主导下得以推进的。产业发展则主要是市场发挥在资源配置中的决定性作用。企业作为产业发展的主体,它们之间的竞争是产业发展的根本力量。

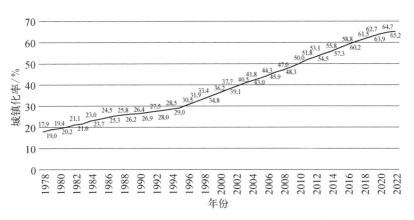

图 1 - 2 1978—2022 年中国城镇化率的变化
资料来源: 国家统计局网站。

城市集聚发展大致有过四种体制化形态。

第一,经济特区。1979 年 4 月,邓小平同志提出要开办"出口特区",并在深圳率先落地实施。同年 7 月,中共中央、国务院同意在广东省的深圳、珠海、汕头三市和福建省的厦门市试办出口特区。1980 年 5 月,中共中央、国务院决定将深圳、珠海、汕头和厦门这 4 个出口特区改称为经济特区。经济特区是世界自由港区的主要形式之一,以减免关税等优惠措施为手段,通过创造良好的投资环境,鼓励外商投资,引进先进技术和科学管理方法,以达到促进特区所在城市和国家技术进步、经济发展的目的。经济特区实行特殊的经济政策、灵活的经济措施和特殊的经济管理体制,并坚持以外向型经济为发展目标。

随着中国经济体制改革的不断深入,经济特区实行的特殊体制和政策大多已被普遍推广。也就是说,今天的特区都是以自身的发展业绩示人。其中,最值得称道的是深圳特区。这座经济总量已位居全国第三的一线城市,是中国乃至世界城市发展史上的奇迹。特区掀开了中国城市发展的新篇章。它告诉我们,城市是可以这样发展的。

第二,沿海开放城市。特区的本质是开放,且主要集中在广东省和福建省南部的沿海地带。中国从北到南,海岸线总长度为 3.2 万公里,其中大陆海岸线长 1.8 万公里。1984 年,根据邓小平同志的提议,党中央、国务院作出对外开放的又一战略决策:开放沿海港口城市并在对外经济活动中实行经济特区的某些特殊政策。至此,大连、秦皇岛、天津、烟台、青岛、连云港、南通、上海、宁波、温州、福州、广州、湛江、北海等 14 个沿海城市,被国务院批准为全国首批对外开放城市。在这 14 个城市中,上海和天津是直辖市,福州和广州是省会城市,其他则是沿海各省区的部分地级市。1987年,威海升格为地级市,成为第 15 个沿海开放城市。

1985 年 1 月,党中央、国务院又决定将长江三角洲、珠江三角洲和闽南厦漳泉三角地区,继而将辽东半岛、胶东半岛开辟为沿海经济开放。至此,一条沿太平洋西岸的中国沿海开放地带基本形成。中国沿海开放地带是一个体系。在这一体系中,按对外开放的程度可分为:经济特区—沿海开放城市—沿海经济开放区。沿海开放城市又可分为老市区与经济技术开发区。沿海开放地带的形成,使中国的对外开放进入了一个新阶段。

第三,计划单列市。计划单列市也出现在 20 世纪 80 年代,是中央政府让一些大城市在国家计划中实行单列,享有省一级的经济管理权限。计划单列市经历了分批设立和调整的过程。现在所说的计划单列市,是沿海五省的大连市、青岛市、宁波市、厦门市和深圳市。它们享有副省级行政建制和管理权限。重要的是,在这 5 个计划单列市所在的省,省会城市和计划单列市均呈"双子座"格局,对于所在省的经济社会发展做出了积极贡献。

第四,国家级新区。为了加快改革开放的步伐,将经济特区模式进一步优化推广,党中央、国务院于 20 世纪 90 年代初开始设立承担国家重大发展和改革开放战略任务的综合功能区,即国家级新区。国家级新区成为中国新一轮改革开放的重要标志之一。自 1992 年 10 月上海浦东新区成立,至 2017 年 4 月河北雄安新区挂牌,25 年间,党中央、国务院先后设立了 19 个国家级新区。以管理体制为区分依据,国家级新区的管理模式有 3 种类型。① 政府管理体制。上海浦东新区和天津滨海新区实行政府管理体制。这 2 个新区在经历了"领导小组(开发办公室)——管委会体制"后,步入成熟期。随着城市面积不断扩大,人口不断增多,新区需要承担更多的城市建设、社会管理与服务职能,新区的法律地位问题迫切需要得以解决。为了保障新区持续健康发展,经国务院批准成立一级建制政府,从法律层面赋予新区完整的行政管理权限。② 管委会管理体制。目前有 13 个国家级新区采用这种管理体制,如重庆两江新区。管委会作为省级政府的派出机构,代表省级政府行使区内开发建设管理权限,负责新区规划实施、经济发展、项目建设、土地管理等经济职能,辖区内的社会事务大多由所在行政区负责。③ 政区合一管理体制。实行这一管理体制的主要有舟山群岛新区、广州南沙新区、青岛西海岸新区和大连金普新区。这 4 个新区的规划范围均与所在行政区范围重合,新区管委会与所在行政区政府合署办公,实行"一套人马、两块牌子"。到目前为止,上海浦东新区是开发建设最为成功的国家级新区。2021 年 4 月 23 日,《中共中央国务院关于支持浦东新区高水平改革开放打造社会主义现代化建设引领区的意见》颁布,这是对浦东新区的最高肯定。

区位理论,尤其是其中的增长极理论,诠释了城市集聚发展形态。这个理论的主要观点如下:主导部门和有创新能力的企业,在某些地区或大城市聚集发展而形成的生产、贸易、金融、科技、人才、信息、交通运输、服务、决策等经济活动中心,恰似一个"磁极",能够产生较强的吸纳辐射作用。增长极具有集聚效应和创新溢出的特点,对周围地区产生"支配"作用,即吸引和扩散的作用。资本的集中与输出,技术的创新与溢出,能获取巨大的规模经济效益,产生聚集经济效果。增长极的出现,使人口、资本、技术、贸易、数据等要素高度聚集,产生大城市乃至超大特大城市,并形成区域城市集群。由于集聚、创新和支配等作用机制的产生与强化,抑或弱化或消失,城市经济增长和发展可以被视为一个不平衡机制发生作用的过程。

1.2　中国城市的集群发展

在一批沿海大城市获得长足发展的同时,中部城市开始了它们的崛起进程。中部地区一方面延续了城市集聚发展的形态;另一方面,与东部地区一样,它出现了城市集群发展模式。城市集群发展的逻辑是从大城市到中心城市,再到都市圈和城市群。大城市和中心城市是城市集群发展的起点;都市圈是城市集群发展的落地形态;城市群是城市集群发展的平台,也可以说是完成形态。中国过去 40 多年的经济发展实践表明,省域行政区经济正在向以中心城市为核心的城市群、都市圈经济转变。都市圈和城市群成为中国新的区域增长极。

2010 年,《全国城镇体系规划(2010—2020 年)》在明确了国家中心城市定义与功能的基础上,规划了全国首批国家中心城市。到目前为止,国家有关规划和其他相关文件中先后明确的中心城市有九个:北京、天津、上海、广州、重庆、成都、武汉、郑州、西安。可见,国家中心城市是在直辖市和省会城市层级之上出现的"塔尖",集中了中国城市在空间、人口、资源和政策上的主要优势。中部六省的两个省会城市——武汉市和郑州市是国家中心城市。

在我国城市集群发展的实践中,城市群和都市圈的概念经常被混用。城市群的概念使用得比较多,且在很多情况下,讲的是都市圈的事情,用的却是城市群的概念。这种情况在 2019 年以后发生了变化。2019 年 2 月 19 日,国家发展改革委下发《国家发展改革委关于培育发展现代化都市圈的指导意见》(以下简称《意见》)。《意见》根据国际经验和我国实际,明确了城市群和都市圈的概念及二者的关系。《意见》指出:"城市群是新型城镇化主体形态,是支撑全国经济增长、促进区域协调发展、参与国际竞争合作的重要平台。都市圈是城市群内部以超大特大城市或辐射带动功能强的大城市为中心、以 1 小时通勤圈为基本范围的城镇化空间形态。"至此,我国都市圈规划、建设和发展进入常态化。2021年,国家发展改革委先后批复南京、福州和成都都市圈发展规划。2022 年,国家发展改革委又批复了长株潭、西安、重庆和武汉都市圈发展规划。中部六省已有长株潭和武汉两个都市圈。作为城市化和区域一体化发展到较高阶段的城市集群或同城化形态,都市圈对于优化城市空间结构、创新和产业集群、基本公共服务逐步均等化、社会和生态协同治理等,都将产生积极的影响(见图 1-3)。

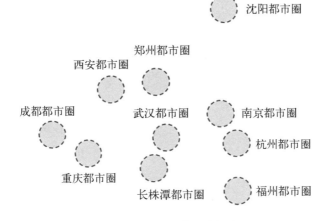

图 1-3　中国现有获批的都市圈

在我国都市圈规划和形成的过程中,已出现 3 种基本类型。第一,跨境的都市圈,如港深都市圈、澳珠都市圈。圈内主要城市间地域紧邻,经济社会联系紧密,天然就是一个都市圈。然而,由于两地拥有两种制度(法律、关税等)、两种货币,经济社会全面一体化目前难以实现。从都市圈发展的区位、经济等因素来看,以上两个都市圈的条件是最好的。编制跨境都市圈发展规划只是一个时间问题。第二,跨省级行政区划的都市圈,如南京都市圈,其发展规划的编制和实施,是江苏省和安徽省政府共同推进的。上海都市圈发展规划若出台,将是一个典型的跨行政区划的都市圈规划。第三,省级行政区内的都市圈,如福州都市圈、成都都市圈、西安都市圈和长株潭都市圈等。因为我国许多省级行政区划的面积都比较大,所以这一类都市圈规划的数量将是最多的。在一个省级行政区划中，可能会有 2 个及以上的都市圈。不同类型的都市圈有着不同的特征，将通过不同的路径，对优化城市空间结构产生积极作用。

2014 年颁布的《国家新型城镇化规划（2014—2020 年）》以及"十三五"规划，要求建设长三角、珠三角、京津冀、山东半岛、海峡西岸、哈长、辽中南、中原、长江中游、成渝、关中平原、北部湾、山西中部、呼包鄂榆、黔中、滇中、兰州—西宁、宁夏沿黄、天山北坡等 19 个城市群（见图 1－4）。2017 年，党的十九大报告指出，以城市群为主体构建大中小城市和小城镇协调发展的城镇格局。2018 年 11 月颁布的《中共中央国务院关于建立更加有效的区域协调发展新机制的意见》明确指出，推动国家重大区域战略融合发展。建立以中心城市引领城市群发展、城市群带动区域发展新模式，推动区域板块之间融合互动发展。以北京、天津为中心引领京津冀城市群发展，带动环渤海地区协同发展。以上海为中心引领长三角城市群发展，带动长江经济带发展。以香港、澳门、广州、深圳为中心引领粤港澳大湾区建设，带动珠江—西江经济带创新绿色发展。以重庆、成都、武汉、郑州、西安等为中心，引领成渝、长江中游、中原、关中平原等城市群发展，带动相关板块融合发展。加强"一带一路"建设、京津冀协同发展、长江经济带发展、粤港澳大湾区建设等重大战略的协调对接，推动各区域合作联动。推进海南全面深化改革开放，着力推动自由贸易试验区建设，探索建设中国特色自由贸易港。

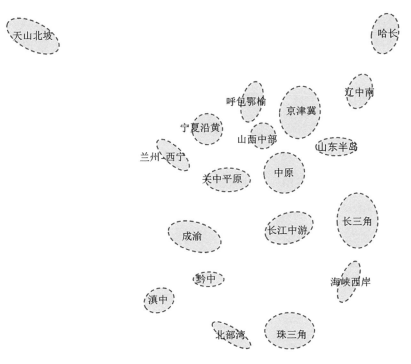

图 1-4　中国的城市群

截至 2023 年 6 月,上升为国家战略的城市群发展规划是京津冀、粤港澳大湾区、长三角和成渝双城经济圈发展规划。2015 年 4 月,中共中央政治局审议通过《京津冀协同发展规划纲要》。该纲要指出,推动京津冀协同发展是一个重大国家战略,其核心是有序疏解北京非首都功能,要在京津冀交通一体化、生态环境保护、产业升级转移等重点领域率先取得突破。

2017 年是香港回归祖国 20 周年。当年的政府工作报告提出编制粤港澳大湾区发展规划。2019 年 2 月,中共中央、国务院印发了《粤港澳大湾区发展规划纲要》。该纲要指出,建设粤港澳大湾区,既是新时代推动形成全面开放新格局的新尝试,也是推动"一国两制"事业发展的新实践。

2018年11月,习近平总书记在首届进口博览会开幕式上指出,将长江三角洲一体化发展上升为国家战略。2019年12月,中共中央、国务院印发了《长江三角洲区域一体化发展规划纲要》。该纲要指出,长三角一体化发展具有极大的区域带动和示范作用,要紧扣"一体化"和"高质量"两个关键,带动整个长江经济带和华东地区发展,形成高质量发展的区域集群。

2020年1月,习近平总书记主持召开中央财经委员会第六次会议,作出推动成渝地区双城经济圈建设、打造高质量发展重要增长极的重大决策部署,为未来一段时期成渝地区的发展提供了根本遵循和重要指引。2021年10月,中共中央、国务院印发了《成渝地区双城经济圈建设规划纲要》。该纲要指出,成渝地区在国家发展大局中具有独特而重要的战略地位。为加强顶层设计和统筹协调,加快推动成渝地区形成有实力、有特色的双城经济圈,编制本规划纲要。

2022年以来,国家发展改革委又先后批复《长江中游城市群发展"十四五"实施方案》《北部湾城市群建设"十四五"实施方案》《关中平原城市群建设"十四五"实施方案》。长江中游城市群地跨湖北、湖南和江西三省,确立了围绕打造长江经济带发展和中部地区崛起的重要支撑、全国高质量发展的重要增长极、具有国际影响力的重要城市群的总体定位,确定了建设重要先进制造业基地、打造具有核心竞争力的科技创新高地和构筑内陆地区改革开放高地等重点发展方向。北部湾城市群地跨广西、广东、海南三省区,背靠大西南,毗邻粤港澳,面向东南亚,是海上丝绸之路的重要枢纽,在西部大开发战略格局和国家对外开放大局中具有独特地位。按照建设面向东盟、服务"三南"(西南、中南、华南)、宜居宜业的蓝色海湾城市群总体要求,确定了强化通道支撑、突出向海发展、深化开放引领、共保一湾清水等重点发展方向。关中平原城市群地跨陕西、山西、甘肃三省。为了提升关中平原城市群建设水平,要落实构建"一圈一轴三带"总体格局的要求,依托西安这一国家中心城市,加快培育现代化都市圈,增强轴带上节点城市的承载能力,提升城市群的空间发展凝聚力。其中,增强西安国家中心城市竞争力,培育发展西安都市圈和加快重要节点城市建设,是关中平原城市群建设实施方案的重中之重。

　　城市集群将成为未来城市发展的主要形态。在不同发展水平的地区,城市集群有着各自的发展重点。在相对发达的地区,都市圈成为城市集群发展的成熟形态;在相对次发达的地区,中心城市是城市集群发展的初级形态。譬如,在粤港澳大湾区和长三角中心区,都市圈是城市发展的主体;在成渝双城经济圈、长江中游和中原地区,中心城市是城市发展的主力军。这是城市发展演化进程的一个反映。它们之间的一个重要区别是:都市圈内部要素和产业的关系,以辐射、溢出和分工为主;中心城市和周边地区要素和产业的关系,则以集聚、吸纳和转移为主。

城市集群发展有着必然性,是一个规律性的现象。城市集群将带来规模效应、溢出效应和共享效应,实现城市的高质量发展;带来空间结构合理化,解决行政区划难以解决的问题;带来要素和产业在更大范围的自由流动,进而优化配置资源;带来社会治理和生态治理的协调,谋求更高的治理水平和更好的治理效果;带来基本公共服务均等化,以促进共同富裕。当然,城市集群还面临很多体制性、政策性障碍,各级政府和社会各界要因势利导,积极推动其规划和建设,使城市集群更好地促进区域经济增长和发展。

(陈宪　上海交通大学安泰经济与管理学院教授)

第 2 章
三晋大地的城市演进与发展

　　2023 年春节档，电影《满江红》爆火，电影破圈的背后还带火了影片的取景地——太原古县城。10 天超 35 万人次的游客量，刷新了当地的游览纪录。在这样的热度下，太原古县城在春节期间推出花灯会、国际大马戏、冰雪世界、非遗表演、无人机灯光秀、烟花秀、绛州鼓乐等 20 多项年俗活动，还上演了《唐太宗归晋》的实景表演剧目，讲述着太原厚重的历史文化。

　　十年中国看深圳，百年中国看上海，千年中国看北京，三千年中国看陕西，五千年中国看山西。山西又称"三晋"，古称河东，是中华民族发祥地之一，有文字记载的历史长达三千年，被誉为"华夏文明的摇篮"，有"中国古代文化博物馆"之称。在明清五百多年间，以经营盐业、票号等闻名遐迩的山西商人——晋商，为山西经济发展以及城市体系的形成作出了重要贡献。

　　进入现代，山西凭借丰富的煤炭资源辉煌依旧。但福祸相依，过度依赖煤炭资源的产业结构束缚了山西各城市本身的发展潜力，导致其错过了时代发展的黄金期，如改革之初制造业的勃兴、互联网的热潮以及先进技术的进步等。因资源枯竭带来的一系列连锁反应随之出现，产业结构调整、人才流失等均成为山西在发展过程中面临的问题。随着战略和政策的逐步完善，山西省各城市奋力协同发展，有望从辉煌的煤都转变为中部的脊梁。

2.1 晋商带动山西城镇化体系的形成

城市发展是经济现象，也是文化现象。市与城的发展互为因果、息息相关。市的主体便是商人。表里山河之晋地，熠熠生辉之晋商，以万里茶道汇通天下，实现海内称雄。因此，有这样一种说法："中国商业，始于晋商。"

唐宋八大家之一、大文豪柳宗元在《晋问》的开篇就说："晋之山河，表里而险固。"翻译成白话便是：山西的大地，里里外外都是大山大河，险要的地形固若金汤。山西的四面虽有屏障，但东、北、东南面，有陆地出口；西、西南面，有水上出口。有了它们，才有了山西人走西口的传奇，成就了通往四面八方的晋商。

山西之地，在两千五百多年前的春秋，是晋国的腹地；战国时期三分为韩、赵、魏，因此号称三晋大地。晋国的疆域，跟今天的山西版图并不完全重合，前者的面积超出后者许多，正是有了四面大山大河的天险作为屏障，这个春秋强国才有了向外拓展的基础。

山西得益于其独特的地形特征和历史上作为"边城"的便利，催生了其因战争而产生的物资需求，从而发展壮大了当地的商业底蕴和文化。山西在明朝中期实行的"开中制"和"折色制"为晋商的发展提供了良好的契机。明清时期是晋商活动的高峰期,晋商由南到北的商业活动,促进了山西南北的经济往来,也推动了山西商品经济的发展,并带动了沿线一系列功能各异的新型城镇的兴起与发展,再结合当地的地理条件、物产资源等,形成了各具特色的山西各城市区域经济与城市体系雏形。

2.1.1　交通城镇的崛起

明朝后期,努尔哈赤想夺取大明江山,但多年征战,国库亏空。都察院参政祖可法、张存仁曾建言:"山东乃粮运之道,山西乃商贾之途,急宜招抚。"[①]于是,努尔哈赤把目光放在了往来于中原和后金之间进行贸易的山西商人身上。他用高额利息吸引晋商的巨额资金。撇开政治因素,山西确实是"商贾之途",而且很多重镇雄县也都居于交通要道。

位于山西省朔州市右玉县境内、紧邻晋蒙两省交界处的杀虎口,既是中原和漠北的交通要冲,也是游牧民族和汉民族征战的前沿阵地,其战略位置十分重要,明清政府均在此驻扎重兵,并严加管理。明末清初,随着汉蒙民族关系的进一步融合,中原和塞外经济的互补性增强,杀虎口逐渐从军马行驰、穿橇运粮、往来征战的军事战略要地,发展成为一处马市互易、民族往来、商业繁荣的边

---

① 张正明.晋商兴衰史[M].太原:山西古籍出版社,2001:280.

贸中心。晋商经东西两口北上西下者日益增多。

每年晋商把数以万计的丝绸、布匹、茶叶、糖烟、瓷器等商品经杀虎口或运往新疆、兰州,或运往库伦、恰克图,甚至深入俄国腹地;返程时又将哈喇、呢子、毛毯、钟表、金砂、皮毛等运回内地。随着商业贸易的发展,杀虎口盛极一时,"商贾农工,趋附贸易,内地民人难以数计","汉夷贸易,蚁聚城市,日不下五六百骑",最盛时其住户多达5 000余户,人口突破5万人,商贾云集,集市繁荣,店铺林立①。

2.1.2 矿业城镇的兴起

位于晋南的运城是因晋商中的盐商而崛起的典型矿业型城镇。运城盐池东西全长30余公里,南北约5公里,盐池总面积约为130平方公里。从明代开始,随着盐商的活跃和盐业活动的增加,运城盐务愈加繁荣,其他商业也随之兴盛。

《中国实业志·山西省》载:"前雍正年间,运盐征收岸税后,居民依盐务为生者,好畦厂、池脚、散车、缝袋、摇盐及办公员役,几于两万余人,而外县来此经商者,亦无不获利。"正是在这样的背景之下,城镇建设随之展开。"明天顺二年,运使马显,将城改作西门,正德六年,御史胡正,奏请增高城墙,嘉靖三年,加石于

① 李丽娜.晋商的兴起与山西城镇的变迁[J].太原理工大学学报(社会科学版),2008, 26(4):43-46.

城东,四年其西,十三年其北,十五年其南,从此以后,运城便成晋南之商务重镇。"①

晋城是晋东南地区的工商业中心,为晋豫交通的咽喉,是晋商南下北上的必经之路,其地理位置十分重要。同时,晋城的手工业也非常发达,且门类齐全,销路良好,尤其是钢针、铁货、煤炭、皮金等品类。道光年间,晋城小规模手工生产的生铁炉有 1 000 多个,熟铁炉有 100 多个,铸锅炉有 400 多个。德国人李希霍芬在游历山西后曾言:"在欧洲的进口货尚未侵入之前,有几亿的人是从凤台县(今晋城市)取得铁的供应的。……大阳(今晋城市大阳镇)的针供应这个大国的每一个家庭,并且运销中亚一带。"晋城的南村镇亦是铁货集散中心,所产之铁行销全国,每年交易额达 1 000 多万两②。

2.1.3　金融城镇的发展

平遥、太谷、祁县原本只是山西晋中的普通县城,在晚清时期,随着山西票号的发展,以这 3 个县为代表的晋中金融城镇,成为山西乃至全国的金融中心城市。

平遥县地处晋中盆地中心,京蜀大官道穿县城而过,北达燕京,南及秦陇,是南北交通的必经之地,素有"旱码头"之称。康熙

---

① 运城市地方志编纂委员会.安邑县志[M].太原:山西人民出版社,1991:13.

② 彭泽益.中国近代手工业史资料:1840—1949(第 2 卷)[M].北京:中华书局,1962:178.

年间形成了实力强大的"平遥帮",到光绪初年,平遥票号发展到 22 家,设在全国各商埠、码头和主要城市的分号达 400 余处,年汇兑白银总额达 4 亿两①。票号业的发展又进一步促进了商业的繁荣。明清时期,平遥一直是山西中部最大的商品集散市场,商品聚集平遥后,不仅销往本县和周边各县,还销往省外,以及内外蒙古地区和罗斯国。

太谷县在明初尚是"土瘠民贫,俗尚勤俭,慕学力田,淳厚不奢"的地方。明中叶以后,太谷人勤于贸易,随着票号业的兴起,太谷逐渐成为与平遥并列的大商帮。太谷一度被誉为"金太谷"。太谷不仅金融业发达,商业也异常繁盛。城内东街,铺面林立,有器材行、绸缎庄、布匹庄、典当行、颜料庄、茶庄、雕漆庄等商行和客栈。

祁县金融业之发达及商业之繁盛亦不逊于平遥和太谷。介休也是金融业发达之地。介休县人多"挟资走四方,山陬海皆有邑人,固繁庶之地也"。

2.1.4 消费城镇的繁荣

太原是山西的行政中心。明朝初年,为抵御蒙古势力南侵,明政府沿长城一线设置"九边镇",太原因临边境首当其冲,常驻重兵。边防重镇的设立、军队的驻扎和封建官僚机构的设置,使太原迅速成为人口聚集之地。人口的增多带来了旺盛的消费需求,太

---

① 平遥县地方志编纂委员会.平遥县志[M].北京:中华书局,1999:361.

原的手工业也迅速发展,重要的手工业部门有采煤、冶铁、印刷、酿酒等,各种服务性店铺林立,商业异常繁荣(见图 2-1)。太原的金融业也同样发达。虽然山西票号的总号设在祁县、太谷、平遥三地,太原城仅有其分号,但由于太谷、祁县隶属太原府,仅光绪年间,太原城就有票号大德通、日升昌、义成谦等分号七八家。

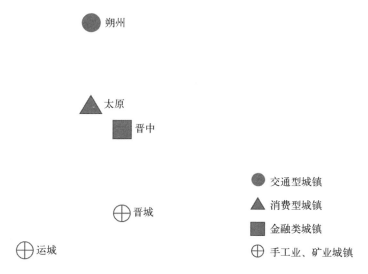

图 2-1　明清之际山西城镇化体系

　　大同原本是一个风沙遍地、人烟稀落的边镇。明初,汉蒙关系虽一度紧张,但地理条件形成的社会分工,使商品交易无法中断。蒙古以马匹、皮毛换取内地的铁锅、粮食、茶叶和布匹,以满足蒙古族人民的生活需要;明代在华北诸省的北部、长城一带有众多驻军,也需要满足军需,补充军马来源,因此不得不在边境上开市,同蒙古进行贸易。巨大的消费量,带动了沿线城镇商贸业的发展。

晋商或往边镇贩运粮草、铁器、茶叶以换盐引,或于边地雇人垦荒种地,把收获的粮食就地纳仓以换盐引。边境贸易的繁盛,让大同作为内地通往蒙古与俄国的商品贸易集散地,形成了以"茶马互市"为特点的贸易市场。

明清之际晋商的兴起,推动了山西南北方向贸易的持续快速发展,也带动了山西城镇化体系的初步形成。

2.2 从"以商建城"到"以产设市"

2.2.1 工业化带动山西资源型城市的兴起

作为中国共产党太行山根据地的山西,在解放初期就建立了第一批新中国城市政权,山西阳泉就被誉为"中共第一城"。常年的战争使中国经济被破坏得千疮百孔,而得益于封闭的地形,以及旧军阀为维护统治发展的军重工业,山西在当时的经济环境下还有着不错的工业基础。

新中国成立后,国家把重心逐步转移到经济建设上来,将发展重工业、军事工业作为重点,因缺乏资金和技术,只能先从基础做起。山西丰富的煤炭能源资源就是很好的发展基础。山西在第一个和第二个五年计划中,逐步建成了资源型工业体系。

第二个五年计划完成后,国际形势发生了变化,苏联频繁插手中国内政,中苏关系开始恶化;美国也对我国沿海地区不断施压,我国的东北工业基地和上海华东工业基地都暴露在美苏的军事打击范围内。为了分散军事风险,国家开始提出"三线建设",将工业发展中心向内陆地区迁移,当时山西以发展重工业、军事工业为重点。20 世纪 60—70 年代,山西继续发展能源工业;80—90 年代,山西的经济发展速度达到巅峰,煤炭、电力、化工、运输业的投资额占到了工业投资总额的 80%,重工业占据支配地位,而轻工业、农业却非常薄弱。

在历史浪潮的推动下,山西以工业化的发展带动全省资源型城市的兴起,也确立了最强能源省的定位。

2.2.2　资源型城市的形成

资源型城市的兴起及发展与资源蕴藏和开采利用紧密相关。根据资源开采与城市形成的先后顺序,一般又分为两种模式:一种为"先矿后城式",即城市完全是因为资源开采而出现的;另一种为"先城后矿式",即在资源开采之前城市就已经存在,资源的开采加快了城市的发展。

1)"先矿后城式"

晋城是一个典型的"先矿后城式"的资源型城市,自古就有"唯煤与铁不绝于途"的说法。晋城位于山西省东南部,矿产资源非常丰富,特别是煤炭资源,因此被誉为"煤铁之乡"。全市含煤面积达 5 350 平方公里,占了全市总面积的 56.4%。晋城无烟煤储量约占全国的 1/4,占山西省的 1/2 以上。晋城煤炭的含硫量小,发热量高,可选性好,所产煤炭晶莹光亮,燃烧无烟无味,被称为"白煤、香煤、兰花煤"。

因为独特的煤矿优势,1984 年,晋城被国家化工部定为中国化肥和化工原料用煤基地;1985 年实行市管县体制,撤销晋东南地区,正式成立晋城市。自建市以来,晋城以煤炭和冶铁为主要经济支柱,丰富的煤炭资源支撑了其经济的快速发展。

近年来,晋城的经济增长仍然主要依靠不断扩大煤炭资源的开采规模和提高煤炭直接外销比重。截至 2021 年,第二产业在晋城市经济结构中占比最大。其中,煤炭工业是晋城经济和社会的重要支柱产业,其总产值占全市工业总产值的 73.2%,并且有相当数量的人员直接或间接从事煤炭行业的工作。晋城煤炭行业以国有大企业为主体,兰花集团、晋煤集团等大企业的存在促进了几万晋城人的就业,为上万个家庭提供了生活保障,拉动了晋城的消费,也保障了晋城的商业繁荣。

2)"先城后矿式"

大同的建城历史可以追溯到 2 000 多年前,意大利著名旅行家马可·波罗在其游记中曾盛赞大同是"一座宏伟而又美丽的城市"。

自新中国成立以来,大同市因煤炭而兴盛。从 1976 年至 2000 年,大同市的原煤产量从 2 360 万吨增长至 5 440 万吨[①],在长达 25

---

① 大同市发展和改革委员会."煤都"大同争当能源革命"尖兵"[EB/OL].(2019 - 05 - 07) [2023-09-20]. http://www. dt. gov. cn/dtszf/jyjbmdth/201905/acd1e4a60fe2401aa23d4ac 800c0a366.shtml.

年的时间里,该市的煤炭产量一直排名全国第一。伴随着能源基地的建设和煤炭产业的快速发展,大同市的煤炭产业经历了一段辉煌的历史。1984 年,国家确定了 13 个"全国较大的城市",大同与包头、唐山、抚顺、吉林、齐齐哈尔、大连、淮南、重庆、洛阳、鞍山、青岛和无锡 12 个城市并列其中。可以看出,大同当时因为煤炭资源的大力开发,其经济实力、城市规模、常住人口和综合排名都非常靠前。

2.2.3　资源城市亟须转型升级

如今,山西大多数城市是以煤炭资源开采、加工为主导产业的城市,全省 11 个市、119 个县(市、区)中,94 个有煤炭资源分布,可以说是"以产设市""因产兴市"的典型代表。

长期以来,山西一直是以煤炭资源开采为主的能源基地和原材料供应地,为国家经济社会的发展做出了突出贡献。然而,由于资源的过度开采和无序开采,资源的综合利用程度较低,资源枯竭问题逐渐显现。最为突出的问题是产业结构性矛盾导致产业发展乏力、生态环境压力巨大、职工再就业困难、企业办社会负担过重等诸多问题。这些问题逐渐成为众多资源型城市在发展后期普遍面临的难题。因此,解决山西资源型城市在发展过程中普遍存在的深层次矛盾和问题,实现城市的转型与升级,已经迫在眉睫。

1)产业结构单一

资源型城市对当地的自然资源有较强的依赖性,经济增长过分依赖自然资源产出是资源型城市经济结构的重要特征。

作为典型的资源型地区,山西经济发展中的结构性问题尤为突出,产业结构单一化、重型化特征明显,以煤炭开采为主的第二产业在山西经济中长期占据主导地位,一度形成"一煤独大"的经济格局。但这种以资源型产业为主的经济结构非常脆弱,外部环境变化会明显影响地区经济的正常发展(见图2-2)。例如,世界金融危机爆发的2009年,山西经济增长5.4%,排名全国倒数第一。2014年,世界经济不确定性因素增多,国内经济下行压力增大,山西经济增长4.9%,又排在全国倒数第一。

图2-2 山西省煤炭资源分布

山西在产业结构上的单一性导致其第一产业严重落后,第三产业发展缓慢。第一产业一直是山西产业结构中的薄弱环节,存在着农业基础设施薄弱、对农业投入不足、生产水平低、产量不稳定、粮食短缺、农民素质较低等问题。国家统计局2022年粮食产量数据的公告显示,2022年全国粮食单位面积平均产值为5 802公斤/公顷,而山西则低于此数值,为4 647.9公斤/公顷。虽然经济发达地区的第一产业比重通常较低,但对于经济相对落后的山西而言,第一产业的发展仍然至关重要。作为国民经济的基础,第一产业的长期落后严重地制约了山西经济的全面快速发展。与此同时,山西的第三产业发展速度也相对较慢。例如,虽然山西旅游资源非常丰富,但尚未得到充分开发,再加上交通和基础设施的不足及环境污染等因素,使得山西经济的增长极难以实现。此外,教育和科研的发展也不够成熟,难以为山西的经济发展提供科技动力和人才支持。

2）缺少区域中心

随着社会经济的发展,每个区域都会形成一个或多个中心,并由这些中心充当区域经济的组织者和协调者。资源型城市体系由于其特殊的发展逻辑——仅仅因为有矿产资源,该地区聚集了大量人口,使得区域中心的存在感相对较弱。在这种情况下,区域中心的形成与周边居民、周围区域的关系并不大,甚至有些城市是一下子冒出来的,就像前文所说的"先矿后城"模式,城镇体系的建立和城市历史之间的联系非常薄弱。因此,这种城市的可持续发展天生就存在问题,如果所依赖的资源一旦消失,可持续性问题就会暴露出来。

通过地形的分析也能发现这个问题。尽管太原位于山西省地理空间的几何中心,但它并不在太原盆地的正中心,而是偏居盆地东北角。这种情况在山西省类似的城市中也很常见,几乎没有任何一座城市(县城)选择在盆地中心建城,而是把市区或县城选在了盆地周边沿山一带,例如晋中市、汾阳市、孝义市、介休市,以及清徐县、太谷县、交城县、祁县、平遥县、文水县等。

同样的问题放大到整个山西省,就会发现整个省的中心城市也不强,"强省会"战略还没有落到实处。作为省会的太原被称为"中国最低调的省会城市",常在中部省会各主要指标排名上居倒数第一,外部竞争中的弱势,影响到了省内资源的集聚。此外,山西作为全国煤炭供应基地,省内各大城市服务于全国,这也导致主要城市间的对外联系大多在省外,反而与省内其他城市和区域联系较少。更严重的是,山西各大城市产业结构存在雷同,同质竞争态势突出,这也影响了区域中心城市的形成。

3)发展体系封闭

从地理上看,山西省位于华北平原的西部、内蒙古高原的南缘,四周山河环绕,东依太行山,西邻黄河,地理单元相对封闭。山西省在国家战略中既没被划进西部,也靠不上东部,老工业基地振兴也不包含山西。即使是在国家实施中部崛起战略之后,山西省因为地理位置、历史因素以及资源禀赋上的特殊性,依然难以摆脱区域封闭的困境。相比沿海及沿边省市,山西的对外开放一直处于较低水平,这也是制约山西经济社会发展的重要障碍之一。

从空间上看,山西区域交通趋于边缘化,偏离国家主要城镇发展轴带。山西处于京津冀向西辐射的最短路径上,具备承东启西的区位优势,但受制于区域通道设施建设,区位优势未能有效发挥。京津冀联系西部地区,更多依靠京广—陇海通道;在中部太中银—石太通道中,青太客专仅建成石太段,且太原位于高铁线路末端,西向服务西北地区的能力受限;大同所在的北部通道集中于运煤设施建设,客运设施建设滞后,且京呼通道开始偏离大同,大同服务区域的枢纽功能面临挑战。周边省会城市更加密集的高铁网络谋划、周边通道的逐步升级也都使山西面临被进一步边缘化的困境。

过去山西因为封闭的体系,成为中国共产党的太行山根据地,建立了第一批新中国城市政权;如今也是因为封闭的发展体系,在很大程度上影响了太原城市体系的发展。

山西近代的辉煌,第一波得益于晋商的兴起与发展,在很大程度上带动了山西城市体系的初步建立;第二波辉煌是资源产业所带来的,矿产不仅让山西很多城市得以立足,而且带来了巨大的发展,但仅依靠资源的发展终究是不可持续的。随着资源的枯竭与科技的进步,下一波辉煌如何创造,才是更为关键的问题。

2.3　立破结合,城镇体系再造三晋强市

"一煤独大"的辉煌时代已经渐渐褪去了它独特的光环,山西必须开始实施转型跨越的新发展战略。从当前山西城市的发展来看,中心城市的辐射带动作用不明显,区域中心城市的带动力较弱,城市功能不够健全,存在着大城市不大、小城市不强、小城镇发展缓慢等问题。

首先,大城市数量偏少。百万人以上的城市只有太原、大同、

长治 3 个,其他城市均为中小城市,人口规模偏小,区域性职能薄弱,对区域发展的带动作用难以发挥。

其次,中小城市规模和体量偏小。从 11 个县级市来看,古交、侯马、霍州的人口规模在 30 万人以下,人口与经济实力都不强,辐射带动能力不够,未能发挥各自作为区域次中心城市的影响力。

最后,资源型城镇数量多、分布广、占比大,城镇职能结构单一。在 22 个设市城市中,大同、朔州、阳泉、长治、晋城、忻州、晋中、临汾、运城、吕梁、古交、霍州、孝义 13 个市属于资源型城市,产业结构单一化和初级化特点突出,城市的社会经济组织、协调和管理功能较弱,城镇之间及区域联系薄弱,城市化质量较低,对周边区域服务、集聚和扩散的中心功能较差。

山西从近代起的发展,初期是依赖商业初步形成了城镇体系,后期则是在工业发展中走向辉煌,又因为资源的起伏而走向衰落。从城市结构定律来看,结构单一是发展停滞的特征。因此,山西的崛起必须通过空间、资源、品牌的协调发展,从上至下去引领,以更适合当下及未来的城市发展体系,助力资源大省三晋强市的再次崛起。

2.3.1 强省会战略升级

在中部各省"十四五"规划中,"强省会"是一个高频词汇。自 2017 年以来,至少有 13 个省份提出了强省会战略或者提升省会城市首位度,以做强都市圈,推动全省区域协同发展。省会强则全省强,省会兴则全省兴。基于这样的逻辑,"强省会"成为不少省会城市追求的目标。

山西要强,必须依靠增强省会的集聚能力和辐射能力来抵消"虹吸效应"和周边大城市的冲击。太原是山西省的省会城市,位于山西省中部,是地理上的中心,与阳泉、忻州、晋中、吕梁相邻,对周边各区市县有着重要的影响。然而,太原的发展空间相对较小,全市平原面积仅占辖域面积的 17%,太原的东西两侧以断层崖与山地相接,盆地呈北东—南西向分布,是南北狭长的条形城市。简言之,就是空间地形狭长、腹地狭小。作为山西中部盆地城市群的核心城市,太原只能在太行山和吕梁山脉的夹杂下,奋力发展。

没有发展空间就无从做大经济总量。2021 年,太原市的 GDP 总值为 5 121.6 亿元,历史性地突破了 5 000 亿元,实际增速达到了 9.2%,位居全国省会城市第三。2022 年上半年,太原市的 GDP 实际增长了 3.5%,高于全国 1.0 个百分点,名义增速在省会城市中再次排名第一(见表 2－1)。

表 2－1　2013—2022 年太原市 GDP、人口概况

年　份	GDP/亿元	人口数/万人
2013	2 368.5	454.4
2014	2 466.3	461.4
2015	2 663.8	472.0
2016	2 744.5	485.2

续　表

年　份	GDP/亿元	人口数/万人
2017	3 287.3	498.4
2018	3 745.2	511.5
2019	4 016.2	523.2
2020	4 153.3	531.9
2021	5 121.6	539.1
2022	5 571.2	539.1

资料来源：太原市统计局网站公布的统计公报。

虽然太原市的增速很快，但是距离万亿元的目标还有较大的差距。再来看人口。根据 2020 年的数据，太原市的人口为 530.4 万人，距离千万人口规模还有将近一半的差距。仅仅依靠太原市来实现强省会战略，虽然它的位置有优势，但是空间依然不足。

济南通过合并莱芜，实现"小省会"的超车；合肥通过肢解巢湖，从"很一般的省会"转变为"黑马城市"；福州通过设立福建自贸区平潭片区，正式开启了无声的逆袭。省会的崛起，归根结底，都离不开空间的合并、整合和再规划。

一个大胆的想法是太原版图的扩张。太原合并晋中的说法在民间也流传了很多年，但一直没有落地。2022 年，国家发文严格控制省会城市规模扩张和撤县设区，这意味着，今后省会城市、特大城市、超大城市的扩张都会受到严格的限制。虽然完全合并的可能性不大,但也不是没有别的办法。

一种是类似于西安与西咸新区的代管模式。2021 年,陕西咸办发布 1 号文件,确立了西安市全面代管西咸新区的格局。随着西咸新区划归西安全面代管,西安的城市空间大幅扩展,所承载的空间体量随之增大,为基础设施相通、投资布局、产业转移、土地整体统筹利用都提供了利好与契机。类似于西安与西咸新区的模式,太原与晋中也可以通过一体化建设的代管模式,实现非合并模式的扩空间、强省会模式。

另一种是参考武汉和鄂州模式。武汉也没有合并鄂州,但是将全球第四个、亚洲首个专业货运枢纽机场放在了鄂州,无形中增强了两座城市从交通到认知上的紧密度。再回到太原,太原武宿国际机场位于太原清徐县,紧连着榆次区,完全可以升级为太原晋中国际机场,无形中就把晋中变成太原的一个组成部分。

无论是从太原、晋中两地的空间互补、产业发展,还是从便民举措来看,它们都能实现"1+1>2"的效果。因此,深度绑定以"太原+晋中"为主体的太原都市圈,可以帮助太原从空间不足、总量不足的现状中,找到一个可以往南突破的口子,从而获得更强的发展延伸力。

2.3.2　资源型城市转型

产业升级是必须走的路,但多年来形成的以倚重型、能源重化工为主导的产业体系要真正转型并非易事。

在市场经济条件下，资源型城市拥有其他地区所没有的资源优势，这是比较优势，也是城市应重点发展的产业方向。但如果仅仅停留在比较优势上，不注重培育企业的竞争优势，如管理、研发、政策扶持等，那么这种比较优势最终会在市场竞争中被淘汰，这也是如今山西所面临的问题。

因此，资源型城市在注重地方比较优势的同时，需要加快培育企业的竞争优势，变单一经济结构为多元经济结构，通过制度创新、政府扶持等手段，把基础要素所创造的最初优势转化为企业的竞争优势，并通过竞争优势创造出新的比较优势。

在城市发展中，产业的发展需要园区作为其落地的载体，而最终需要由企业来带动。只有龙头企业做出来了，才能带动一个园区的发展，从而帮助地区打造产业，最终建立城市的品牌；只有做到"产城园企"的"四品合一"，资源型城市才能在激烈的市场竞争中求得生存和发展。

"十三五"以来，山西省把国资国企改革摆在产业体系改革的关键位置。2017 年，经过煤炭行业资源整合和煤炭企业兼并重组，形成了七大煤炭集团。山西七大煤炭集团具有一定的地域特色，可以说是山西省对于煤炭资源按区域进行的一次集体分配。但山西下属 11 个市产业同质化严重，分配后未形成产业集群效应，大型煤炭集团各自为政、大而不强。

2020 年，山西省委决定联合重组同煤集团、晋煤集团、晋能集

团,同步整合潞安集团、华阳新材料科技集团相关资产和改革后的
中国(太原)煤炭交易中心,组建晋能控股集团有限公司,以便于
发挥煤炭作为传统支柱产业在战略性新兴产业培育成长过程中的
有力支撑作用,同时有利于培育山西省能源企业核心竞争力,提升
对战略性新兴产业的吸引力和集聚效应。晋能控股集团的组建,
是深化转型升级的重大举措,其背后的逻辑可做进一步延伸与落
地(见图 2 - 3)。

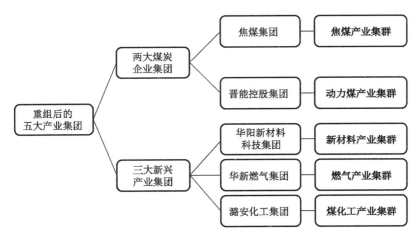

图 2 - 3　山西大型煤炭集团呈"3+2"的格局

　　重组后,山西省将形成五大产业集团的格局。其中,两大煤炭
企业集团——焦煤集团和晋能控股集团,将带动焦煤产业集群和
动力煤产业集群的发展。同时,形成三大新兴产业集团,华阳新材
料科技集团将以阳泉为核心,引领新材料产业集群;华新燃气集团
将以晋城为核心,发展燃气产业集群;潞安化工集团将以长治为核

心,发展煤化工产业集群。这些产业集团将基于基础煤炭资源整合,更好地促进区域产业集群发展,并逐步扩大在该地区的影响力。晋北地区以基础煤炭为主,往南中部以清洁能源、新材料为主,再往南逐步形成新兴产业集群。

未来,山西省的矿产资源也将不再单纯依赖煤炭,而是向多元化发展。因此,山西省需要全面升级"能源革命",为城市矿产资源的可持续发展提供新的思路和方向。

2.3.3 县域消费品牌建设——以餐饮为例

县域经济是国民经济中与城市经济相对应的基本经济单元,是以县城为中心、乡镇为纽带、农村为腹地的区域经济,并以县级政府为主体优化配置资源、获取竞争优势的特色经济。当前,县域经济已不再是单纯的自然经济、农业经济和传统经济,而是重要的板块经济、市场经济和转型经济。

自20世纪80年代以来,山西第一县几乎是随着煤炭业的兴衰和各个地区煤炭业的起伏而"换将",传统的单纯依赖煤炭经济的那种拼资源、拼环境的发展方式,对于如今山西县域经济发展显然已经不再合适,必须转变思维,将县域经济提升到一个新的高度。山西自古就有重商的文化传统,晋商的崛起和发家致富也是走的开放之路。虽然如今晋商已衰落,但是晋商走出去、谋生计、敢领业先、敢为天下先的开放精神,一直是山西的巨大宝藏,也是山西经济腾飞的关键所在。

餐饮行业作为山西的朝阳产业,业绩惊人,发展潜力巨大,在GDP 中的占比超过 5%,连续 15 年以 10% 以上的速度在增长。同时,消费升级推动餐饮业迎来新一轮转型,"餐饮+"有着丰富的新业态,餐饮能与旅游、科技、文化、零售等业态深度融合,让餐饮市场呈现出多类型、多形态的格局,也能在技术的助推下为消费者提供千人千面服务,成为新零售中的重要一环。

"餐饮+"时代,地方特色小吃的发展更能有效助推地方文—旅—农—餐—食五大产业大发展。如沙县小吃,这个看似不起眼的地方特色小吃,经过 20 多年的发展,已成为遍布全球 62 个国家和地区、拥有 8.8 万余家门店、超过 30 万从业人员和 500 多亿元营业额的产业帝国。沙县小吃不仅成为当地人脱贫的制胜法宝,也成为当地乡村产业振兴的主要手段,更成为中国地方小吃的第一品牌,成为沙县这座城市的闪亮名片。

山西的小吃数不胜数,但是如果问一个外地人山西有什么小吃,得到的答案可能就是"刀削面"。外地人不知道,就连山西人对山西小吃也知之甚少,反而对四川担担面、陕西羊肉泡馍、新疆羊肉串等外地小吃如数家珍。山西小吃面临着"足不出户,不为人知"的尴尬现状,尤其是很多市县的小吃深受大众喜爱,却总是关起门来过日子,难以做大做强。山西有些著名小吃经营困难,难以维系,传统的制作技艺面临失传的风险。

其实,丰富的地域物产为山西小吃奠定了丰厚的物质基础,是山西小吃的特色之源(见图 2－4)。应县土豆、朔州大葱、右玉边

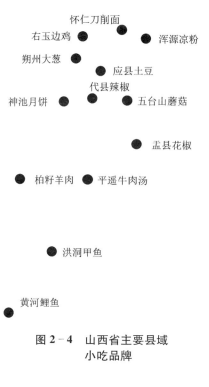

图 2 - 4　山西省主要县域
小吃品牌

鸡、柏籽羊肉、五台山蘑菇、代县辣椒、盂县花椒、洪洞甲鱼、黄河鲤鱼等丰富的地域物产，都为山西小吃的发展提供了优越的条件。山西北部的忻州神池县，被评为"月饼之乡"，且成功申遗。但是每年中秋，当网友在讨论吃苏式、京式、滇式还是广式月饼时，没有人会记起"神池月饼"。神池县是传统的农业老县，看似平平无奇，却把月饼做到了极致。当地在月饼行业从业的人员超过了 1 万人，平均每年能卖出 1 亿多个月饼，年销售额近 2.7 亿元，大大带动了当地的经济发展。但"神池月饼"的生产，一直以分散式家庭作坊为主，较大的规模化工厂还没有出现，更没有品牌意识，只能在小范围内受欢迎。

像"神池月饼"这样的山西特色县域小吃还有很多。山西县域消费品牌体系的构建，应该从特色小吃抓起，如平遥牛肉汤、怀仁刀削面、浑源凉粉、刘胡兰故乡文水县的贤美牛肉、洪洞甲鱼、沁水转面、慈禧太后爱吃的灵石骨累等。若能挖掘 8~10 个县的特色小吃，将特色小吃与旅游深度融合，每个特色小吃背后就是一个消费品牌,可带动当地的一个特色产业发展,同时解决当地就业。若有 10 个消费品牌,像沙县小吃一般,便可带动将近千亿元规模的县域经济,"山西品牌中华行"将实现真正意义上的让品牌"走出去",将产业"请进来",成为山西县域经济繁荣的支撑点与突破点。

就山西的城市体系而言,应该做强省会,以强省会拉动中心集聚性与省会影响力;以产业带动各市的可持续发展,聚焦龙头企业,实现"产城园企"的"四品合一";再以地方特色小吃实现县域经济的崛起,让晋商精神回归,将"山西品牌"转变为"县域品牌",拉动地方经济,实现消费升级。最终,从省会强,到产业强,再到品牌强,可形成山西更为坚实的城市发展体系。

2.4　"一主三副"的城市格局

城市化是衡量一个地区经济发达与否的重要指标之一。经济增长是城市化的根本动力;反之,城市的发展也可以扩大有效需求,吸纳农村剩余劳动力,让广大农民分享经济发展成果,推动城乡融合发展,促进经济增长。因此,推进城市化已经成为我国社会经济发展的重要组成部分。在"十四五"规划中,山西也提出了实施新型城镇化战略,将构建"一主三副六市域中心"的新格局,即强力打造太原都市区核心引擎,加快打造大同、长治、临汾 3 个省域副中心城市,加快运城、晋城、阳泉、朔州、忻州、吕梁 6 个市域中心城市建设。其中,以"一主"作为中心引领,以"三副"形成核心带动,将实现山西全新城市格局的建立(见图 2－5)。

2.4.1 太原:强化太原都市圈,推动晋中城市集群发展

山西的版图和地理条件注定了中部盆地都市圈发展的重要性。南北长的特殊条件要求中部不仅要率先发展,而且要带动两头发展;反之,就会出现引领乏力的问题,或者是一头重、一头轻的发展不协调问题。因此,山西中部的发展应当且必须起

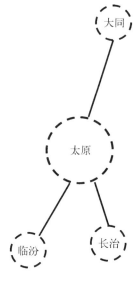

图 2－5 山西"一主三副"新型城镇化格局

到引领带动的作用,其中又以省会太原为核心引领,优势地位应当得到充分彰显,如此才能形成"中部开花,带动两头"的发展大格局。

《山西中部城市群高质量发展规划(2022—2035 年)》提出,到 2025 年,太原经济总量迈向万亿元大关,省会城市首位度大幅提升。2022 年,太原 GDP 突破 5 500 亿元,从省内看,增速为全省最慢,名义 GDP 增长率为 8.78%,但增量排全省第二;放到省外对比,其增量超越了昆明、长春和哈尔滨等城市,在全国省会城市中排第 17 位。纵观太原近几年的 GDP 增长,不难发现,太原的 GDP

从 4 000 亿元到 2022 年突破 5 500 亿元仅用了 3 年时间,但距离万亿元大关还有较大的差距。

我们在前文提到,太原强省会的最佳方式是与晋中形成区域联合,这既有利于推进全省的城市化进程,也有利于在中部尽快形成中心城市、卫星城市、众多城镇簇拥的都市圈,从而大大提高太原的集聚和辐射功能。面积、人口的增加与经济综合实力的叠加,将为把太原建设成为中部经济强市提供良好条件。同时,这将形成一个以太原市为龙头、以山西大字形高速路为轴线、以太原盆地为腹地的经济区域。

在太原作为省会的核心地位突出之后,周边的忻州、吕梁、阳泉便可更好地与之形成互补。忻州有五台山的佛教文化,吕梁有国家级风景名胜区、自然保护区的生态资源,阳泉有"汇中华儒家文化于此藏孤胜境"、晋东第一名山的盂县藏山,太原则拥有全省政治经济文化的核心地位。如此,每市各有优势,可在一体化发展中形成互补,发挥差异化优势,避免同质化发展。

正如苏州是上海的后花园一样,拥有全国观光旅游投资竞争力百强城市、中国最佳生态休闲旅游示范城市、国家智慧城市等荣誉的忻州,也可以成为太原的后花园;拥有得天独厚的红色革命文化资源和绿色生态资源的吕梁和阳泉,也可以凭借自身独有的比较优势,成为最具发展潜力的投资热地。这样一来,太原既是周边城市的窗口、平台、前沿,也需要在一体化发展中扩容、提质、联动,太原引领中部城市集群一体化发展应当成为山西发展的一个样本,成为全省一体化发展的示范。

太原崛起,山西才能崛起,中部才能崛起。

2.4.2 大同:促进区域合作,立足"枢纽"定位

提到大同,很多人往往会联想到"天下大同"。历史上,大同曾是北魏首都,辽、金陪都,境内古迹众多。今天,大同是山西煤炭的主产地,也是全国知名的煤炭城市,境内的煤炭不仅产量极高,品质也非常好,尤其是无烟煤。因此,曾为"两朝重镇、三代京华"的大同,是"煤都",亦是"古都"。

近年来,大同市出现过被称为"中国最好市长"的领导人,其离任时曾引发上千市民上街挽留。然而,地区的发展不可能仅靠一位领导人的力量来实现。尽管过去大同市曾经无比辉煌,但随着煤炭行业的逐渐没落,其经济表现逐年下滑。2022年,大同市的GDP为1 842.5亿元,位居全省倒数第二。人口方面也不容乐观,根据第七次全国人口普查数据,2020年大同市常住人口为310万人,相较于2010年的331万余人,10年间大同市常住人口出现负增长,减少了约21.2万人。在这样的形势下,大同市的发展亟须找到一条可持续的道路。

放眼中国版图,大同市地处我国东、中、西部三大经济板块的交会中心,承东部发展之势,启中部面向京津开放之门户,靠西部资源广阔腹地,公路里程距北京约330公里,距太原约290公里,距呼和浩特约300公里,是重要的交通汇聚地,被誉为首都之门

户、三晋之屏障,是全国 42 个综合交通枢纽城市之一。这一地理位置使大同市成为连接东部沿海地区和中部地区的重要枢纽,为其经济发展带来了巨大的潜力。

山西的经济发展和全国的形势非常相似。南部地区的发展明显更快,而北部地区曾依靠重工业的发展取得了一定的成就,但后来逐渐放缓。大同作为山西北部的代表城市,也面临着类似的问题。因此,大同市的发展必须通过提升区域合作层级来增强其枢纽地位。

首先,大同应融入京津冀城市群,将晋北的边缘地带变为开放的前沿。虽然大同市没有被纳入京津冀城市群的规划中,但由于地缘优势和历史惯性,大同应该面向京津冀地区,形成人对人、文对文、事对事多层次宽领域对接,积极开展央企、京企大同行活动,广泛吸引京津冀企业来大同设立地区总部、研发中心、运营中心。这将有助于大同市在整个山西省内形成联动京津冀的重要平台,并成为承接产业转移的战略区域。

其次,蒙晋冀(乌大张)长城金三角区域合作也需要不断加深(见图 2-6)。2013 年年底,乌兰察布市与大同市、张家口市共同倡议建设蒙晋冀(乌大张)长城金三角合作区,抱团融入京津冀。呼张高铁和大张高铁的开通运营以及集大高铁的开工建设,将三地打造成为 1 小时经济圈,共同迈入“高铁时代”。这一合作区域的建设,将进一步促进区域经济协调发展,加快地区经济转型升级,并为沿线旅游产业的开发提供重要支撑。

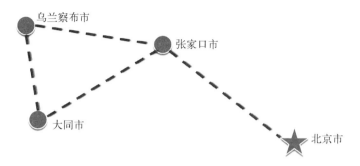

图 2-6 蒙晋冀(乌大张)长城金三角区域合作区示意图

最后,大同要成为全国陆港物流枢纽承载城市。国家发展改革委发布的 2022 年国家物流枢纽建设名单,大同陆港型国家物流枢纽成功入选,这是山西唯一入选的枢纽,也是全国 5 个陆港型国家物流枢纽之一。大同陆港型国家物流枢纽的建设,对促进晋北地区国内外贸易发展有明显的作用,也能更好地将大同打造成为全国陆港物流枢纽承载城市,提升大同在国内国际两个市场中的经济地位。

在山西北部地区,大同无疑是核心城市,也是晋北地区影响力最大的一座城市。因此,山西省将把大同打造为省域副中心城市,这是毫无疑问的。朔州市紧邻大同市,人均 GDP 位居山西省第二位,整体经济发展水平尚可。未来晋北的发展,将以大同作为省级副中心,与朔州形成互补互动,共同打造晋北都市圈,与中部都市圈协同发展。与此同时,大同市建成全国综合交通枢纽、全国陆港物流枢纽承载城市,建成连接京津冀和环渤海的东大门,形成乌大张长城金三角合作区的核心枢纽城市。

2.4.3　长治：向东开放,融入中原城市群的区域次中心城市

"居太行山之巅,地形最高与天为党也。"长治位于太行山之巅,是山西省地形最高之地。其险要的地势自古以来就是兵家必争之地,素有"得上党可望得中原"之说,在华北乃至全国的地理版图上都占据着非常重要的战略位置。在重工业大发展的时代,长治是山西重要的老工业城市,也是山西第二大经济城市。传统产业占其工业总量的 80% 以上。2017 年,长治被列为全国首批、山西唯一的老工业城市和资源型城市产业转型升级示范区。这也让这座城市彻底从资源型城市转型成为全国创新驱动转型的示范城市、生态引领的太行宜居山水名城。

作为山西省域副中心城市,长治 2022 年的 GDP 达到了2 804.8 亿元,同比增长 7.2%,总量和增速均保持全省第 2 位;一般公共预算收入达到 310.5 亿元,首次突破 300 亿元,总量创历史新高,居全省第 3 位;全市规模以上工业增加值同比增长 12.4%,增速位居全省第 1 位。

经济增长的背后离不开得天独厚的区位优势。长治位于太行山脉的山巅,拥有优越的地理位置和交通条件。郑太高铁全线贯通运营,可直达山西省会太原、首都北京、河南省会郑州,连接"太原—郑州—合肥发展轴";二广高速直达省会太原,黎左高速、长临

高速通车,经青兰高速、太行山高速、京港澳高速可连通京津冀;国道 207、208、309 线市区过境段改造完工,上党城镇群快速连接线全部贯通;长治机场新航站楼投入运营,已经开通至北京、上海、广州、武汉、重庆等 10 余个城市的航线。在便利交通的加持下,长治在众多领域的发展有了更多的可能性。

与此同时,长治在区域整体发展上也迎来了关键时机。2017年,《国家发展改革委关于印发中原城市群发展规划的通知》颁布,正式发布《中原城市群发展规划》,在中原 30 个城市群布局当中,山西省长治、晋城、运城三市被纳入发展规划。中原城市群是继珠三角城市群、长三角城市群、京津冀城市群等之后,国务院批复的第七个国家级城市群。长治作为山西省域副中心城市,通过互通有无、优势互补、联合协作等方式,与城市群中其他城市联动、协同发展。例如,长治在装备制造业、能源产业具有突出优势,而汽车制造、食品加工、商贸物流等则是河南、湖北、湖南等省更具优势,因此,对接中原城市群,形成与其他中原城市的优势互补产业,可以使资源在更大范围内实现优化配置,从而提供广阔的发展空间。

为了积极承接中部城市群的发展机遇,对外长治要积极发挥作为副中心城市的职能分工和融合作用,与晋城一起形成城市群组合,打造向东开放、承接中原城市群的核心型城市。同时,依托晋东南综合交通枢纽和区域中心城市的区位条件,长治应围绕中原城市群和晋东南庞大的内需市场,畅通至河南等周边地区的省际流通通道,大力整合区域农产品流通、电商快递等商贸物流资源,积极承接中原城市群商贸物流功能转移,提升面向中原城市群及晋东南的商贸物流辐射能级,打造区域流通组织的中心。长治与晋城的协作,将更好地带动晋东南地区的长效发展。通过不断优化城市结构布局,未来晋东南城镇圈有望成为山西经济发展的重要增长极。

2.4.4　临汾:发展枢纽经济,建设陆港城市

临汾是华夏民族的重要发祥地之一,也是黄河文明的摇篮,有"华夏第一都"之称。解放战争时期,临汾是一座"攻坚英雄城";20 世纪 80 年代,临汾被称为"文明花果城",春天花香四溢,金秋硕果累累;90 年代,临汾则变成"煤焦钢铁城",形成了以煤、焦、铁为主导的资源型经济体系。再看今天,2022 年临汾 GDP 为 2 227.9 亿元,全市规模以上工业增加值较上年增长 10.3%,增速位次从上年的全省第 8 位前移至第 4 位;服务业增加值完成 826.8 亿元,较上年增长 3.4%,正在奋力谱写城市的新篇章。

从古至今,临汾还是一座"枢纽城"。过去是晋商之源、贸易之城,如今临汾地处太原都市圈、西安都市圈和郑州都市圈的交叉点,黄河金三角和晋南城市群的核心地带,处于"一带一路"六大经济走廊中的新亚欧大陆桥和中蒙俄经济走廊的交叉辐射区域,是承东启西、连接南北的重要节点,也是山西省域副中心城市之一,在融入国内大循环中具有良好的区位优势和比较优势(见图

2－7）。新中国成立以来,虽然从京津冀地区通往我国西北和西南地区的交通设施大有改善,但最便捷的交通通道依然是古临汾交通要道。

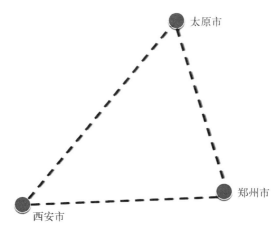

图 2－7　晋陕豫金河三角区域中心示意图

从上位战略看,2018 年,国家发展改革委、交通运输部印发《国家物流枢纽布局和建设规划》的通知,在全国设立 41 个陆港型国家物流枢纽,临汾市作为承载城市之一榜上有名;从微观发展看,临汾已形成面向国内、国外的多式联运体系,通过临汾"中欧班列"运输可为客户节省 2/3 的运输时间,交货合格率达到 100%。

枢纽经济是以枢纽地区和枢纽城市为载体的流通经济、门户经济。它也是以集聚经济为目标、形成新型服务业态的互联网经济。在全球 35 个国际大都市中,有 31 个是依托交通枢纽发展起来的。因此,临汾需要抓住机会,立足晋陕豫黄金河三角区域中心,发展枢纽经济。这对临汾乃至山西晋南地区的发展都至关重要。

第一,发展现代物流大产业。以国家物流枢纽建设为契机,以山西洪洞陆港型国家级综合物流园和山西方略保税国际陆港口岸园区为核心平台,抓住"一带一路""运输结构调整"等战略机遇,打造黄河金三角公铁水联运综合物流枢纽港,同时也可以建设晋南最大的公铁水联运基地。

第二,产业升级,打造现代化煤焦化工智慧综合体。临汾可依托完善的物流设施和煤炭原产地优势,打造国内首个煤焦全产业链基地,聚集煤炭洗选、洗配等上游产业,融合焦化、精细化工等中游产业,延伸大宗物资商贸、金融期货交割等,推动由金融链带动产业链,完善价值链,实现产业转型、城市升级,打造现代煤焦化工智慧综合体。

第三,建设高端商贸服务物流新城。以大西高铁线和洪洞西站为高端门户,承接全国、全球的先进制造企业和物流企业等,建设总部基地,吸引全国大型物流企业入驻,并形成高端商业配套,助推区域转型升级。

临汾成为陆港城市,发展枢纽经济,有利于促进太原—晋中—临汾—运城经济带的发展,打造区域性产业优势,引领晋南地区的转型创新发展;也将有利于进一步强化山西与东部和中西部的战略联系,加快融入国家"一带一路"倡议,进一步加强与京津冀城市群、关中平原城市群以及中原城市群的战略协作,形成良性互动、协同发展的新局面,也能通过自身强,来做实"晋陕豫黄河金三角"地区的区域中心城市的定位。

山西从古至今经历了三次辉煌。

第一次得益于"表里山河"封闭的空间格局,成为战时兵家必争之地,也带动了华夏文明的发展。

第二次是因为晋商的崛起,也是在这个时间段,山西原本封闭的空间,因为商贸的流动形成了最初的城镇化体系。有的城镇因为交通要道而形成,有的城镇因为晋商产业带动而形成,有的城镇因为各地商贸流通而形成。总之,这个时期的山西城镇体系更多的是服务于晋商的商贸文化,可谓"以商建城"。

第三次是因为资源禀赋,山西工业化的发展带动了全省资源型城镇的兴起。山西油田数量众多,因此,各地的城镇发展多是围绕产业而建立,曾一时风光无两。然而,产业结构单一、缺乏中心性、发展体系封闭导致发展被动,"一产设市"终究不是可持续发展之路。山西在第三次辉煌之后,面临着严峻且急切的转型升级需求。

不难发现,山西第一次辉煌依靠自然空间,而后两次辉煌都离不开城镇体系的建立与转变。因此,山西要崛起,城市要发展,城镇体系的优化是关键。

首先,山西要强,省会先强。强省会先强空间,太原的空间承载力目前还不够,需要想办法和晋中形成更紧密的关联,通过"太原+晋中"的深度绑定,发展太原都市圈,实现山西的强省会目标。

　　其次,山西各个市都拥有各自的产业发展基础,但过去"靠煤吃煤"的打法不再可行。"能源革命"的打响,需要各个市以都市圈为组团形式,形成自己独特的产业集群,再以主导产业带动特色园区,最终以龙头企业为引领,实现"产城园企"的"四品合一"。

　　最后是县域经济。山西的县域经济有很大的发展空间,产业要"请进来",靠的是各市的产业规划;而品牌要"走出去",仅仅依靠"山西"的品牌很难,关键要依靠县域经济打响县域特色品牌。"强省会的空间体系+产业市的资源体系+品牌县的消费体系",将形成山西未来全新的城镇体系。

　　山西的第四次辉煌,将不局限于自身的空间,不受制于资源转型的困局,而是以全新的城市体系为突破,构建以"一主三副"为主体的国土空间开发利用格局,将以太原为核心的太原都市圈,打造成为山西省参与国内国际竞争、带动全省社会经济和城镇化发展的核心地区。大同、长治和临汾作为 3 个省域副中心,分别带动晋北、晋东南、晋南省域,对接周边三大城市集群,积极融入国家战略与发展规划,以城市体系重塑三晋强城,迈出崛起新步伐。

(葛莹　锦坤品牌咨询师)

第3章
皖江两岸异军突起的城市

　　2011—2021 年,安徽用 10 年时间甩掉了"小透明"的身份调侃,GDP 连跨 3 个万亿元大台阶,这 10 年的 GDP 增量超过从 1949 年新中国成立到 2011 年的增量总和,实现了由"总量居中、人均靠后"向"总量靠前、人均居中"的跨越式发展。省会合肥也从声名不显的小城摇身一变成为"最牛风投城市"、网红城市。雪球一旦找到长坡,潜能便会迸发。

3.1　安徽:10 年沉潜,蔚然起势

　　2011—2021 年,安徽 GDP 增长了 163.8%,这一增幅位居内陆 31 个省级行政区域的第 6 位;在 GDP 超 4 万亿元的经济大省份中,安徽的 10 年增速仅次于福建,排名第二;这一增速更是在中部六省和长三角三省一市中双双排名第一。

　　从过去 10 年经济位次的变化来看,安徽从全国第 14 名上升至第 11 名,排名上升 3 个位次,进步幅度位列第二。2022 年,安徽的排名又进一位,首次跃居全国十强,迎来高光时刻。作为省域,

安徽强势崛起的支撑力量,是皖江两岸城市的异军突起。

过去 10 年,在主要经济强市中,合肥以 213.3% 的 GDP 增幅成为进步最大的城市。2011 年,合肥 GDP 仅为 3 624 亿元,在全国城市中排在 30 名开外。到了 2021 年,合肥 GDP 已经跃升到 1.14 万亿元,跻身全国前 20 名之列。

而在全国内陆所有城市中,过去 10 年 GDP 排名进步最快的城市是滁州。它从 2011 年的全国第 180 名,跃升到 2021 年的第 91 名,足足上升了 89 个位次,几乎每年提升 9 个位次。

芜湖在 2010 年时,还不是全国百强市,其 1 341 亿元的经济总量在全国排名第 105 位。到了 2020 年,芜湖的经济总量增长了近 2 倍,以 3 753 亿元排名全国第 61 位,在全国的排名上升了 44 个位次。

阜阳的表现同样抢眼。同滁州一样,阜阳在全省排名中超越了安庆和马鞍山这两座大山,跻身全省第 4 名。2010 年,阜阳 GDP 以 721 亿元在全国排名第 179 位,到了 2020 年已经排到了第 98 位,排名提升了 81 个位次。

2011—2021 年,安徽其他城市的 GDP 在全国的排名也都有两位数的提升。即使是近两年有些落寞的网红城市蚌埠,2011—2021 年这十年,也与宿州、亳州、宣城等省内城市一道,在全国 GDP 排名中提升了近 60 个位次。

十年沉潜的安徽,是如何找到长坡厚雪蔚然起势的?

随着我国经济从外贸转向内需驱动,从沿海优先发展模式转向城市群的区域协调发展模式,作为内陆省份,具有"承东启西、连南接北"独特区位优势的安徽,开始连续收获"国家战略"红利。中部崛起、长江经济带、长三角一体化,这三大国家战略先后落地,作为三大国家战略的交集,安徽可谓左右逢源。

这其中最具突破性的,当属安徽 16 座城市集体加入长三角城市群。加入世界级城市群的"朋友圈",名正言顺地承接它们的产业辐射,这是巨大的政策红利。为了牢牢把握这个政策红利,更快更好地融入长三角,激活自身潜能和比较优势,安徽搞了两个大动作。

第一个大动作是广修高铁。回首 10 年前,安徽还是国家铁路网的"洼地"。2012 年,安徽只有 6 个市通高铁;到 2021 年,安徽一跃成为全国第二个"市市通高铁"的省份。"轨道上的安徽"开始御风而行,领跑全国。截至 2022 年,安徽已开通通达全国 4 个直辖市、23 个省会城市、110 多个地级市的直达高铁动车;全省高铁里程已达 2 432 公里,10 年增长了 2.3 倍,仅次于广东,位居全国第二;国家高速铁路网规划的"八纵八横"主通道有"两纵三横"经过安徽,安徽在全国高铁网中的枢纽地位得到确立。

为了更好地融入长三角,省会合肥到长三角主要城市的高铁更是实现了"公交化运行"。合肥每日至上海的高铁或动车有 80 对,至南京有 114 对,至杭州有 71 对,其中,合肥到上海最快只需要 1 小时 51 分。这在过去,想都不敢想。密集且迅捷的高铁网,方便了人员交流,密切了经济往来,为区域间协调联动发展提供了有力支撑。但要想真正融入长三角城市群,广修高铁、消除地理屏障只是第一步。

城市群是一个大而泛的概念,是城市发展到成熟阶段的最高空间组织形态。圈一个城市群简单,但要做实一个城市群,真正实现一体化还有大量的工作要做,除了消除物理障碍,还需要破除行政壁垒。大处着眼,小处着手。

为真正融入长三角城市群,安徽采取的第二个大动作是借力都市圈。2019 年 2 月发布的《国家发展改革委关于培育发展现代化都市圈的指导意见》中明确,都市圈是城市群内部以超大特大城市或辐射带动功能强的大城市为中心、以 1 小时通勤圈为基本范围的城镇化空间形态。

以核心城市带动周边区域,是经济发展的重要模式之一。随着我国新型城镇化进程不断推进,众多区域中心城市开始发展"都市圈经济",通过打破行政区域造成的要素流动与市场隔阂,驱动区域内资源实现跨行政边界的高效配置,形成统一的大市场,以此提升整个区域的发展竞争力。截至 2022 年,安徽已有 12 座城市被 4 个都市圈"瓜分",占据了全省 16 座城市的 2/3;其中有 4 个城市同时加入 2 个以上都市圈。这些都市圈分别是:合肥都市圈、南京都市圈、杭州都市圈和徐州都市圈。

合肥都市圈是安徽唯一的省内都市圈,也是长三角城市群六大都市圈之一,包括芜湖、滁州、马鞍山、蚌埠、淮南、六安、安庆、桐城(县级市)8 个城市。2022 年前 3 季度,合肥都市圈以占全省 45.4% 的面积和 50.1% 的人口，贡献了全省 63.1% 的地区生产总值、63.2% 的一般公共预算收入和 60.7% 的社会消费品零售总额，是全省经济联系最紧密、城市往来最密切、人文交流最频繁、要素流通最活跃的区域，已成为安徽全面融入长三角的先锋军、高质量发展的强引擎。

地跨苏皖两省的南京都市圈，是中国最早跨省共建的都市圈，是辐射安徽城市最强的跨省都市圈，其经济总量已超过 4 万亿元，成员城市包括南京、镇江、扬州、淮安、马鞍山、滁州、芜湖、宣城 8 个城市。其中，安徽省有 4 个地市，城市数占比为 50%。在南京都市圈的辐射带动下，滁州、马鞍山受益良多，特别是滁州，受到了来自南京的交通、医疗、教育、工业等全方位辐射，连续赶超省内兄弟城市，成为安徽排名第三的经济大市。

"瓜分"黄山的杭州都市圈，起步于 2007 年，经过 2018 年的扩容，目前涵盖了杭州、湖州、嘉兴、绍兴、衢州和黄山 6 个城市，其GDP 总量超过 3 万亿元。2019 年，黄山出台《关于全面融入杭州都市圈的实施意见》，提出主动参与杭州都市圈分工合作，主动承接杭州都市圈其他城市辐射，到 2025 年，高水平融入杭州"1 小时经济圈"，将黄山打造成为杭州都市圈的生态安全屏障、文化旅游示范点、绿色产业新地、健康宜居样板和西进南拓战略支点。黄山到杭州的高铁运行时间缩至短短一个半小时，黄山游客约 70% 都是从杭州过去的。2021 年，黄山 GDP 增速达 9.1%，高于全省平均水平 0.8 个百分点，居全省第 7 位，为 2004 年以来在全省最好的位次。

尝到一系列"入圈"甜头后,2021 年 11 月,安徽又宣布支持宿州、淮北深度融入徐州都市圈,推动省际毗邻地区探索一体化协同发展新机制,共同打造产城融合新城区。安徽之所以支持皖北深度融入徐州都市圈,是因为长期以来,合肥带动皖中,南京、杭州辐射皖南,而皖北还缺一个"靠山"。徐州虽然尚未达到大都市的规模,但它确实是苏豫皖交界的一个中心城市,也排在 GDP 准万亿元城市的第一梯队。宿州、淮北地理位置上与徐州相近,在徐州都市圈的辐射范围内,因此,像省内其他兄弟城市那样,主动跨省"入圈"分工协作、接受辐射,是皖北实现崛起的一条可行之路。

纵观安徽这一轮区域发展逆袭的战略密码,就是让地方城市打破区域和行政壁垒,主动"入圈"合作,深度融入长三角。而地方城市"入圈"也确实非常主动。为了加速融入南京都市圈,对接沪苏浙长三角区域,马鞍山甚至专门成立了"宁马省际毗邻地区新型功能区管委会";蚌埠在进入合肥都市圈后,也主动向南京市政府报送了《关于申请加入南京都市圈的申请》;2020 年年底,在杭州都市圈第十一次市长联席会议上,宣城申请"入圈",成为杭州都市圈合作发展协调会观察员城市。

回顾安徽这十年,其蜕变令人瞩目,但正如时任省委书记郑栅洁所言,安徽仍是一个发展中省份,发展不平衡、不充分是最大的省情。

长江和淮河,将安徽一分为三。地处淮河以北、黄泛区以南的皖北地区,由黄河泛滥和淮河冲积而成,地势平坦、水系发达,其耕地面积占全省耕地面积的一半左右,粮食产量占全省总产量的54.7%,是安徽的"粮仓"所在,也承载了众多的农业人口。

根据第七次全国人口普查统计结果,2020年年末,皖北6市(阜阳、蚌埠、淮南、亳州、淮北、宿州)常住人口为2 682.17万人,占安徽全省总人口的43.95%;同年,6市GDP总量为11 195.21亿元,占全省GDP的比重仅为28.94%。若看人均GDP,皖北仅为4.54万元,比安徽、全国平均水平分别低1.79万元、2.7万元。2021年,阜阳以3 071.5亿元的GDP,成为跻身安徽前五的唯一一个皖北城市,但其3.8万元的人均GDP在安徽16个地市中排名垫底,不足合肥、芜湖的1/3。除蚌埠外,皖北其余5市人均GDP也都在省内十名开外。

安徽大学创新发展战略研究院与社会科学文献出版社联合发布的《安徽蓝皮书:安徽社会发展报告(2020)》指出,安徽内部发展不均衡的问题较为明显,皖北片区人口密度最高,是最低的皖南片区的4.3倍;皖中片区城镇化率最高,比最低的皖西片区高24%;皖北地区集中了大量的农业人口,沿江片区GDP是皖北片区的2.2倍,但仅拥有皖北片区53%的常住人口,严重制约了沿江片区的工业化和城镇化发展。

为了突破皖北发展瓶颈,破解长三角一体化的"短中之短"难题,安徽早在2019年就提出建设"一圈五区"发展新格局,并在2021年将其纳入"十四五"规划和2035年远景目标。"一圈"

是指支持合肥都市圈一体化发展,但其中提及支持合肥产业发展向合淮产业走廊优化布局。合淮产业走廊是合肥带动皖北淮南产业发展的一个抓手。"五区"包含合芜蚌国家自主创新示范区(含皖北的蚌埠)、皖江城市带承接产业转移示范区、皖北承接产业转移集聚区、皖西大别山革命老区和皖南国际文化旅游示范区。其中,皖北承接产业转移集聚区主要包括阜阳、亳州、淮北、宿州、蚌埠、淮南,滁州定远、凤阳、明光,以及六安霍邱等地,旨在依托皖北近 3 000 万人口红利,大力承接长三角核心区劳动密集型产业转移,借此助推皖北地区摆脱"皖底",走向全面振兴之路。

而今天,安徽又大力支持皖北主动融入徐州都市圈,也是希望皖北城市像省内其他兄弟城市那样,左右逢源、"入圈"破局。当然,对于积贫积弱已久的皖北来说,无论入了什么圈,傍了什么富,打铁还需自身硬,破除阻碍发展的思想桎梏,激活内生动能,是第一步。

只有活种子,才能发芽。真心期待皖北地区沿袭安徽"入圈"崛起的路径,实现"皖美"蜕变,助力打造区域协调均衡发展的"安徽样本"。

3.2　合肥:风投之城,"赌运"亨通

大城市、中心城市是驱动区域经济发展的重要引擎,国家层面也意识到了这个问题。2019 年 4 月 8 日,国家发展改革委发布《2019 年新型城镇化建设重点任务》,要求加大户籍制度改革力

度,超大特大城市要大幅增加落户规模,并首次提出收缩型城市的概念,不再强调均衡发展中小城市。手指攥成拳头才有力量,有限的资源分散了只会丢了效率,最后均穷而已。

因此,这些年各个省份都在打造都市圈、培育大城市,省会城市自然要做表率。西安、福州、济南、成都、武汉等地都在集聚资源,打造强省会,安徽省会合肥也不例外。为这事,非合肥的安徽人给合肥起了一个外号——"霸都",暗讽合肥霸占全省资源为己所用。其实合肥的经济首位度只有 26.2%,在所有省会城市中排在第 13 位,排在成都、武汉、西安、长沙、昆明等一众明星省会城市之后,但这些省会城市没被称"霸",显然是有别的原因。

与其他省会的文化积淀和历史传承相比,合肥有点太"嫩"了。毕竟,安徽在明朝的首府是南京,现在还有不少人称南京为徽京;到了清朝,安徽首府变为安庆。在这两个城市做首府的时候,合肥(古庐州)还只是个小县城。1952 年,基于当时的国防安全考虑,安徽正中间的合肥才成了省会。但相比南京和安庆,合肥要历史底蕴没历史底蕴,要经济实力没经济实力,自然难以服众,更谈不上文化认同感和归属感。

可是今天的合肥已经不可同日而语,"霸都"的"霸"开始成为"霸气"的"霸",霸气就霸气在经济发展上。

1952 年,合肥成为安徽省会时,全市工业企业仅有 36 户;而截至 2022 年,全市工业企业数超万户,其中,规模以上工业企业超过 2 200 户。

2006 年,合肥 GDP 才刚刚过千亿元,彼时的合肥经济规模和城市建设实在是难以摆上台面,以至于当年《新周刊》形容它为"低调合肥"。

而到 2019 年,合肥的 GDP 达到了 9 409 亿元,名义增速为 9.35%,从 24 年前的全国第 97 位逆袭到此时的全国第 21 位,仅次于刚把莱芜揽入怀中的济南(9 443 亿元),排在其后的 2 个省会城市分别是福州(9 392 亿元)和西安(9 321 亿元)。

2020 年,合肥顺利跻身 GDP 万亿元俱乐部城市群,GDP 从千亿元到万亿元,合肥仅仅用了 14 年。若论过去 10 年、20 年,发展最快的省会城市非合肥莫属。

从原来公认的中国最大县城,摇身一变,成为中部乃至整个华东地区冉冉升起的新星,一个没有任何地理优势的内陆城市,取得的这份成绩确实令人瞩目。

3.2.1　创新之都

虽然有政治资源的加持,但合肥作为后起之秀,能实现历史跨越,一个非常重要的因素是对创新的重视和真金白银的投入。

合肥 2000 年全社会研发经费是 7.88 亿元,2018 年这一数值达到 256.65 亿元,是 18 年前的近 33 倍,年均增长近 21.4%。2000 年合肥全社会研发投入强度(研发经费占 GDP 比重)为 2.13%,2017 年达到 3.24%,在 26 个省会城市中排第 2 位。2021 年这一数值达到 3.28%,居全国省会城市的第 3 位。2018 年,合肥市发明专利申请量、授权量分别达到 3 2831 件和 5 597 件,分别是 2005 年的 70.2 倍和 39.7 倍,分别居省会城市的第 5 位和第 7 位。在《自然》增刊"2018 自然指数(Nature Index)"全球科研城市 50 强评选中,合肥位列榜单的第 27 位。

2004 年,合肥成为全国唯一的"国家科技创新型试点市"。

2010 年,合肥进入科技部的创新型试点市和国家发展改革委的创新型城市试点,成为全国少数"双试点"城市之一。

2013 年,合肥确立了"大湖名城、创新高地"的战略定位。

2017 年,合肥成为继上海之后全国第二个获批建设综合性国家科学中心的城市。截至 2022 年,全国仅有 4 个城市获此殊荣,其余 3 个是北京、上海和深圳,可见这份荣誉的分量。

2017—2018 年,合肥连续 2 年进入外籍人才眼中最具吸引力中国城市的前三名。这是国内唯一一个完全由外籍人士进行评选的引才引智"中国城市榜"。

十几年间,合肥迅速迈向"创新之都"。有人说,合肥这是仰仗中科大的底子,没有中科大,就没有今日的创新之都合肥。可回顾历史,没有合肥,可能也没了中科大。

1969 年,受国内外复杂局势影响,国家将 13 所在京高校外迁,疏散到全国各地,史称"京校外迁"。虽然现在大家都很重视教育,但在那个肚子都填不饱的年代,能高瞻远瞩的人并不多,学校来了,没有税收不说,还得给地给钱给粮。13 所高校中,"最不受欢迎"的莫过于中科大,它先后被湖北、江西、河南 3 个省份婉拒。这时,安徽省却明确表示"安徽人民即使不吃不喝也要把中国的科学苗子保住",并腾出了原合肥师范学院和银行干校旧址,从此中科大扎根于安徽。

十年树木,百年树人。当年执政者种下的种子,如今已结出了丰硕的果。

3.2.2　"次次押对的赌城"

2020 年年中,合肥因一连串令人叹为观止的投资成功案例,一举刷屏霸榜,成了众人心目中全国最牛的"风险投资机构"。

让我们先看看合肥辉煌霸气的投资史:

2007 年,合肥拿出全市 1/3 的财政收入"赌"面板,投了京东方,最后赚了 100 多亿元。

2016 年(微博段子写的是 2011 年,其实应该是 2016 年),合肥又拿出 100 多亿元"赌"半导体,投了长鑫/兆易创新,赢了,估计浮盈超过 1 000 亿元。

2019 年,合肥又拿出 100 亿元"赌"新能源,投蔚来,结果大众汽车新能源板块也落地合肥。

投资结果是成功的,但每一次投资的过程都是险象环生、惊心动魄的。投京东方的时候,正好面临全球金融危机,国外液晶巨头的降价让京东方备受打压,导致企业当年由盈转亏,资金压力巨大,因此京东方落地合肥的消息一传出,引来一片非议。如今,当年的"非议"已经变成今日的"敢为天下先"。

同样,押注半导体产业,既需要专利技术,更需要强大的资金实力。最初,在"合肥、泉州、武汉+紫光"这"三地一企"的投资方式中,合肥是最不被看好的一地。彼时的武汉,已经有紫光的一些公司在运营,它们是武汉新芯、西安国芯等,再加上武汉已经争取到"国家储存器基地"项目,先天优势显著。而泉州、晋江两级共建的晋华,与台湾有一衣带水的优势,加上其技术来源是联华电子,更是加强了其优势。但最终,是合肥又收获了一个"京东方"。

新能源汽车是一个需要巨资且长期投入的行业。蔚来汽车是中国新能源电动车的代表,其产品上市以来持续大幅亏损,自我造血能力不足,业绩不佳又使得资本市场为其继续输血的意愿降低。不得已,蔚来汽车创始人李斌开始频频与不同地方政府接触,但在不利的舆论压力下,浙江湖州以投资风险过高放弃了投资计划,北京亦庄的 100 亿元战略合作也是无疾而终,最终又是合肥抛来了橄榄枝。2020 年 4 月 29 日,双方签约,合肥将向蔚来投资 70 亿元人民币。随后的 5 月 29 日,大众宣布投入 160 亿元入股江淮汽车和国轩高科。此举让合肥打造中国新能源汽车产业重镇的谋划展露无遗。

合肥的大手笔背后有着明确的战略意图。安徽新能源汽车生产及销售量目前占全国整体市场的近 13%。但是,安徽汽车产业近年来的成绩并不理想,2019 年全省的汽车产量仅为 77.6 万辆,占全国的 3.6%。因此,在传统汽车产业竞争格局基本确定的情况下,安徽正试图通过加快布局新能源汽车产业的方式,来实现"换道超车"的战略意图。

在其他地方政府对投资蔚来小心翼翼、举棋不定的情况下,合肥对蔚来的押注无疑又是一次"豪赌",这一次能否再次赌对未来,赚得盆满钵满,只有时间能告诉我们答案。

当然,账面上的投资回报只是地方政府投资产业的副产品,政府投资最大的收获是账面之外的回报,比如当地的就业促进、税收增长以及相关产业链的带动促进。比如投资京东方,账面回报 100 亿元是小事,真正让合肥受益的是,京东方目前在合肥的投资已超过 1 000 亿元,吸纳劳动力 10 余万人,仅 3 条生产线的员工就高达 2 万人,并且带动 70 多家配套企业到合肥发展,使合肥成为全球最大的显示产业基地之一,并辐射整个半导体行业,无形中产生了不少 GDP 和税收。很多人都说,是京东方撑起了早期的合肥经济。

3.2.3　合肥的可借鉴之处

我们不禁要问,为何合肥可以"赌运亨通"呢? 除了运气眷顾之外,笔者认为合肥还有以下三点值得其他兄弟城市借鉴。

第一,文化包容,宽容失败。

1952 年,合肥成为安徽省会城市时,仅有 5 万人口;如今,合肥常住人口已超过 800 万人。合肥高新区领导曾说过:"合肥是移民城市,文化非常包容。"

为了构建宽容失败的创新文化,用好的环境留住人才,合肥天使投资容错率达 30%。科大讯飞董事长刘庆峰认为,许多像科大讯飞这样的高科技企业能在合肥成长壮大,离不开当地政府对原始创新的忍耐度和对创业者的包容度。

做投资,失败是很正常的,但很多地方会上纲上线,10个项目,9个成功,1个失败,审计部门就会抓着这个失败的项目不放,如此一来,基层还有谁敢大刀阔斧地去推进项目?很多地方开会次次都强调要敢于担当作为,笔者认为应该反思的是为什么大家不敢担当作为。

文化差异确实存在,而且差异很大。有些地方的人专门盯着别人犯错,然后踩上一脚;有些地方则能荣辱与共,抱团取暖。

第二,产业布局环环相扣,步步为营。

合肥豪投但不盲"赌",在产业布局上环环相扣、步步为营。比如引入京东方之前,合肥家电产业已经具备相当规模。

2000年以后,特别是实施"工业立市"战略后,合肥抓住承接沿海发达地区产业转移的机遇,引来海尔、美的、格力、长虹、TCL、三洋、惠而浦等一大批国内外知名品牌家电企业在合肥落户,迎来了家电产业发展的黄金期。

2011年,合肥家电产业规模一举突破千亿元,成为合肥第一个千亿元产业。就在这一年,合肥超越青岛、顺德,成为全国最大的家电生产基地。

家电产业离不开液晶面板,而在2000年以前,液晶面板技术主要掌握在日本、德国和美国企业手中。首先,如果一直使用进口面板,家电造价就会高出对手一截,竞争力会大打折扣。其次,一且发生技术封锁事件,整个家电产业都会被人卡住脖子。

合肥投资京东方的协调效应就是国产液晶显示器和电视机的生产成本大幅下降。外人看到的是合肥引进了亏损的京东方,看不到的是产业协同带来的生产成本优化。事后人们才发现,合肥的领导班子在下一盘大棋。

很多城市今天突兀地来一个项目,明天又来一个项目,但是这些项目能不能带来协同效应,能不能产生火花,很多人可能都忽视了。当然,也可能是意识到了,但没有足够的资源和时间来完成更大的布局。

第三,咬定青山不放松的战略定力。

努力做艰难但正确的事情,才能成为时间的朋友。很多区域发展存在的一个共性问题是换一个领导就换一种思路。因此,每逢政府领导班子换届的前后,一部分人是不做事的,是持观望态度的,手头正在做的事情放一放,因为新来的领导很可能一百八十度地转变前任的工作思路。

合肥一以贯之地培育这些产业长达 20 年,历经几任党政领导班子,保持战略定力毫不动摇,这尤其值得各地学习和借鉴。

当下有为,未来可期! 祝福合肥明天更美好!

3.3　芜湖:触底反弹,WUHOO 起飞

有个金句挺励志:衡量一个人成功的标志,不是看他到达的

顶峰的高度,而是看他跌落谷底时的反弹力。这句话用在城市上,也很合适。正如人生不会一直一帆风顺一样,城市在成长的过程中也会遭遇危机与挑战。

3.3.1　痛定思痛,创建"1%工作法"

自从 2008 年超越安庆后,芜湖一直稳居安徽第二城的位置。2019 年,国家统计局对 2018 年各地的 GDP 进行重新核算后,芜湖突然产生了前所未有的危机感。重新核定后,滁州 2018 年的 GDP 上调了 792.4 亿元,直接从省内第 5 位跃居至第 3 位,并且与芜湖的差距缩小到了 684.4 亿元!

2019 年,芜湖的 GDP 增速是 8.2%,而滁州是 9.7%;2020 年,芜湖的 GDP 增速是 3.8%,而滁州是 4.4%。

标兵合肥越来越远,追兵滁州越来越近。孟子曰:生于忧患。在焦虑中奋起,在忧患中重生。作为工业立市的城市,芜湖在立市之本中找到了危机出现的"症因"。在一份题为《芜湖市工业企业利润率提升路径研究》的报告中,危机感充斥在字里行间:"近 3 年,芜湖市工业企业利润总额增速趋缓,利润率呈下降趋势。2020 年全市工业企业主要利润指标在全省相对落后,利润总额增幅居全省第 12 位,分别低于全国(4.1%)和全省(5.1%)3.9 和 4.9 个百分点。"报告执笔人没直接点出来的是:这个利润总额的增速仅仅只有 0.2%!

有前景才有资金投入,有利润才有企业前来。在一次会议上,芜湖市委主要领导一语中的,"帮助企业切实提高利润,才是营商环境的关键"。在对影响企业利润的制约因素和提升路径进行专题研究后,芜湖市委、市政府发现,在物流、用工、能源、融资、税费等方面还有进一步优化提升的空间。

在此背景下,芜湖紧紧抓住企业利润率这一"牛鼻子",首创了"1%工作法"——通过"有效市场"和"有为政府"的有机结合,为企业最大限度降本增效,努力实现重点企业、重点行业和全市企业平均利润率在现有基础上提高1%,或比周边同类城市利润率提高1%的目标。"1%"只是一个小目标,但是千千万万个"1%"加起来,就是一个大提升。

2021年3月,芜湖成立由市委书记和市长任组长的高规格领导小组以及相应部门牵头的9个专业组,对"1%工作法"进行顶格推进,重点围绕技术、能源、用工、物流、税费、融资等影响企业利润的主要因素,一切用数字说话,把提高"1%"真正落在重点企业、行业利润率上。比如,在物流成本方面,重点推进"江海联运",减少转运环节,初步测算每个集装箱物流成本可降低2 000元左右;在用工成本方面,鼓励企业加快"机器换人"步伐,全市规模以上工业企业25万名工人每人每小时减少支出1元,一年可节约用工成本近5亿元;在税费成本方面,全市1.7亿平方米工业用地,每平方米下调土地使用税3元,可减缴土地使用税5亿多元;等等。

"1%"起初只是工作目标,但在实施过程中,却意外倒逼了政府部门思维模式和工作方法的创新变革。比如,"1%工作法"推行后,芜湖市繁昌区基本实现企业开办"零成本";鸠江区推进企业直供电和闲置厂房屋顶光伏发电项目,节约企业用电成本;南陵县实行用水"一站式"服务,对供水用户工程施工费下降10%;三山经开区组织协调暂缓蒸汽价格调整……

为达成这个"1%"的小目标,政府部门开始主动简化企业办事手续,减轻企业税费负担,降低企业物流成本,积极推进智能工厂和数字化车间建设,推进中小企业上云上平台,推动工业节能低碳改造……

服务好不好,政策优不优,凭感觉说不行,一切用事实和数据说话。

路虽远,行则将至;事虽难,做则必成。

2023年1—5月,芜湖规模以上工业企业实现利润总额148.37亿元,同比增长11.9%,高于全省平均水平21.7个百分点,增速居全省第2位,位次比上年同期大幅提升12位。2023年1—5月,芜湖规模以上工业企业营业利润率达6.3%,比1—4月上升0.2个百分点,比1—3月上升0.6个百分点,利润率居全省第5位,高于全省平均水平0.9个百分点。

3.3.2 体量不大,实力很强

"1%工作法"大力推行后,芜湖也终于迎来了触底反弹、扬眉吐气的时刻。

2021年,芜湖实现地区生产总值4 302.63亿元,增长了

11.6%,增速居长三角 41 市第一、全国百强城市第五,跑出了"芜湖加速度"。作为安徽省域副中心、南京都市圈和合肥都市圈的"双圈"城市,芜湖只是城市规模小了些,在总量指标上不占优势,因此城市的"声量"弱了些,但内在的实力和潜力并不弱。芜湖的面积不大,仅 6 009.02 平方公里,排在全省第 11 名、全国第 285 名;常住人口不多,仅 367.2 万人,排在全省第 8 名、全国第 144 名。但芜湖的经济总量却排在全省第 2 名、全国第 62 名。这意味着,芜湖的人均 GDP 和地均 GDP 相对较高。2021 年,芜湖的人均 GDP 为 11.72 万元,排名全省第 2 名、全国第 37 名;地均 GDP 为 7 160 万元/平方公里,排名全省第 2 名、全国第 40 名。

作为长三角 G60 科创走廊 9 个城市中的一员,芜湖并不是以安徽第二城的政治身份被纳入的,而是以真正的科创实力参与其中。2021 年,芜湖万人有效发明专利拥有量达 53.5 件,连续 11 年稳居全省第一;在没有中央级大院大所的情况下,芜湖建成重点研发创新平台 55 个,其新型研发机构数占全省的 1/4;其全社会研发投入占 GDP 的比重达 3.34%(同期,长三角这一数值为 2.84%,全国为 2.44%),其科技创新驱动力指数位居长三角第 6 位,仅次于上海、南京、杭州、苏州和合肥,并入选"科创中国"试点城市。

看到芜湖的这些成绩,我们想起了上海交通大学中国发展研究院发布的,从生产要素效率、技术创新能力、人才存量和人均 GDP 等维度评价城市经济发展水平、质量和潜力的大城强城指数。因芜湖 GDP 尚未达到上述课题组设定的 5 000 亿元的"大城"门槛,所以未被纳入此次榜单,但我们猜想,芜湖的"强城"指数应该不低。

根据大城强城报告披露的计算方式,我们对芜湖的 6 项指标一一进行了计算。在劳动生产率指标上,芜湖介于泉州和大连之间,排在第 24 位;在土地生产率指标上,芜湖介于太原和徐州之间,排在第 33 位;在资本生产率指标上,芜湖介于唐山和南昌之间,排在第 48 位;在万人专利授权量指标上,芜湖介于徐州和济南之间,排在第 30 位;在每百万人大学文化程度指标上,芜湖介于扬州和烟台之间,排在第 32 位;在人均 GDP 指标上,芜湖介于合肥和嘉兴之间,排在第 27 位。由此计算得出,芜湖的强城指数,可以排在全国第 35 位,远超其 GDP 排名。

在其他榜单中,也同样体现了芜湖"体量不大、实力很强"的特征。在华顿经济研究院发布的"中国百强城市排行榜"中,芜湖的名次一直在进步,已经从 2017 年的第 76 位晋升到了 2022 年的第 57 位;在"2020 中国外贸竞争力百强城市"榜单中,芜湖位居全国第 41 位;在"2021 先进制造业百强市"榜单中,芜湖位列榜单的第 39 位。

3.3.3 工业立市,强企强城

制造业是芜湖经济社会发展的主动力和主引擎,是芜湖的立市之本、强市之要。2021 年,芜湖的制造业增加值占 GDP 的比重超过 37%;同期,安徽这一数据为 27.9%,全国平均水平为 27.4%。

大城强城课题组专家指出,强城是因为有强产业和强企业。

在微信小程序"芜湖市投资环境白皮书"中,"产业概览"板块清晰地展示了芜湖的十大新兴产业。

芜湖的首位产业是新能源和智能网联汽车产业。这里不得不提的是产业龙头、芜湖"市宝"——奇瑞汽车。1997 年,奇瑞的前身——安徽汽车零部件工业公司在芜湖成立,从二手发动机生产线开始创业,从只能卖给当地做出租车起步,到连续 19 年位居中国品牌乘用车出口第一,全球累计销量达 1 000 万辆。

芜湖的万人有效发明专利拥有量能够蝉联全省第一,奇瑞汽车的贡献很大。位列全国企业科技创新 500 强第 21 位的奇瑞,在安徽省发明专利百强排行榜中,连续 8 年位居榜首。作为行业龙头,奇瑞为芜湖集聚了产业链上下游企业 1 000 多家,其中,规模以上企业 363 家,形成了长三角区域最完整的汽车产业链体系。2021 年,芜湖汽车产量达 81.40 万辆,同比增长 56.2%;其中,新能源汽车产量达 9.56 万辆,同比增长 131.6%,产值达 1 549 亿元,同比增长 32.4%。

智能家电产业是芜湖的第二大支柱产业。全市现有家电及相关产业规模以上工业企业 187 户,从业人员 5 万多人,2021 年的产值达 818.2 亿元,约占全省的 1/3。产业龙头格力、美的、江森日立、美博等企业的空调产量超过 2 000 万台,约占全国产量的 11.5%;美的厨卫产品产量超过 2 500 万台,占全国总量的 14%。芜湖已成为全国空调器主要生产基地之一、全国三大微型电机(空调压缩机)生产基地之一和华东地区最大的空调生产基地。

芜湖的第三大支柱产业是新材料产业。以海螺集团为龙头，集聚了先进基础材料、关键战略材料、前沿新材料等上下游企业 800 余家，其中，规模以上企业 141 家，高新技术企业 294 家，产值超过 10 亿元的企业 14 家，产值超过百亿元的企业 2 家，上市公司 4 家。龙头企业海螺集团的水泥生产规模居亚洲第一、世界第三，成为安徽省本土企业里首个世界 500 强。2021 年，海螺集团以 379.29 亿美元的营业收入名列世界 500 强的第 315 位，在业内享有"世界水泥看中国，中国水泥看海螺"的美誉；同时，海螺型材是国内最大的型材生产企业，连续 15 年位居塑料门窗型材行业全国第一。

芜湖另外七大产业包括新一代信息技术、人工智能产业等，也是强企汇聚。比如长信科技成为全球最大的 ITO 导电玻璃生产基地；芜湖拥有全国唯一的国家级机器人产业集聚区，龙头企业埃夫特的六关节机器人销量居全国第一，2020 年在科创板上市；信义集团太阳能光伏玻璃产能居世界第一；等等。

这里要特别推荐一下微信小程序"芜湖市投资环境白皮书"，我们写过那么多城市，只有芜湖的这个投资环境白皮书让笔者眼前一亮。白皮书创作者透过区域经济、区位交通、产业概览、营商环境、科创环境、人居环境 6 个板块，图文并茂、简明扼要地向投资人展示了芜湖的投资环境，字数不多也不少，让人读完之后，立刻对芜湖有了一个大概的印象，非常值得其他城市学习借鉴。

3.3.4　创新迭出，体制长青

芜湖的经济体量不大，因此城市的声量也不大，2021 年一句"WUHOO，起飞"的网络谐音梗，让这座城市开始为外界所认识。

在研究、写作本书的过程中，芜湖给了笔者"活力四射、创新迭出"的印象。相对年轻的主政者一直在"变着法"地激活这座历史文化名城。

比如，每周六举办的"畅聊早餐会"，在家常小吃的烟火味道里，碰撞出芜湖发展的真知灼见，是芜湖市委、市政府为企业服务的重要载体，也是优化营商环境的创新之举。截至 2023 年 7 月 16 日，"畅聊早餐会"已连续举办了 56 场，与"1%工作法"一道，成了芜湖新的"城市名片"。

再比如，芜湖首创的"人民城市合伙人"制度，打破壁垒，凝聚更多人才助力城市高质量发展，真正实现了人民城市人民建。2023 年 3 月 17 日，芜湖从安徽师范大学、安徽海螺集团、奇瑞控股等第一批"人民城市合伙人"单位中选调的第一批党政人才正式到位，奔赴部分市直单位开展实训。实训期满后，实训干部与实训单位将"双向选择"。由芜湖市委组织部组成考察组到实训单位、合伙人单位，考察实训干部实际表现情况，并征求实训干部本人的意见；考察合格的，经批准启动调任和进入事业单位程序，真正畅通体制内外人才流动通道。

这座前几年还在为发展而焦虑不已的城市，如今正被全面激活。大鹏一日同风起,扶摇直上九万里。祝福"有山有水有文化·大江大湖大梦想"的芜湖,乘浩荡长风,踏浪前行!

3.4　滁州:黑马之城,极速追赶

说来惭愧,作为北方人,笔者之前对滁州的印象只停留于欧阳修的千古名句"环滁皆山也",甚至都不知道大名鼎鼎的小岗村就在滁州,小岗村的名气太大,以至于盖过了滁州。

2019年进行的第四次全国经济普查却让原本声名不显的滁州站在了聚光灯下,成为万众瞩目的焦点。

3.4.1　普查发现的巨大黑马

全国经济普查每5年进行一次,在大规模经济普查后,要根据详细的普查资料对地区生产总值数据进行修订,这既是国际惯例,也是核算制度的规定。2019年,第四次全国经济普查(以下简称四经普)结束后,根据经济普查资料,按照统一的方法,国家统计局对2018年全国各地生产总值进行了修订。

这次修订,从省域来看,最大的赢家是安徽。2018年,安徽修订后的GDP比初步核算数据增加了4 004.1亿元,增加值排全国第一,修订后的安徽GDP一举超越了北京和河北,成为年度最大黑马。

从市域来看,最大的赢家是滁州。2018年滁州GDP初核是 1 801.7 亿元,在第四次全国经济普查后,国家统计局将其修订为 2 594.1 亿元,上调了 792.4 亿元,其增加值排在安徽第一,而修正率达 43.98%,排在全国第一。滁州 GDP 的省内排名也一举超越了钢城马鞍山以及昔日"长江五虎"之一的安庆,由第五跃升至第三,实现了历史性突破。

我们不禁要问,滁州为什么会有这么高的修正率? 根据滁州市统计局的官方解读,原因有三。

一是规模以下单位数量增加较多。四经普滁州市规模以下小微企业数比三经普增长了 2.3 倍(安徽省增长了 1.8 倍),个体户增长了 103.2%(安徽省增长了 39.3%),增速明显高于全省平均水平,规模以下单位占比较高的批发零售、住宿餐饮、交通运输等 3 个行业增加值增长较多。

二是异地产业活动单位得到了全面反映。这次经济普查提供了翔实的异地产业活动单位数据,把一些所属法人在外地的产业活动单位补充了进来。异地产业活动单位是统计学的专业术语。举个例子,一家在滁州市进行工商注册登记的酒厂,在江苏南京、扬州等省外多地设立专卖店进行销售,那些专卖店就是异地产业活动单位。

三是这次经济普查为行政事业单位核算提供了翔实的资料。四经普之后,国家决定各地的 GDP 不再由各地自己核算,而是由国家统计局统一标准、统一口径、统一核算,这样滁州的实力再也藏不住了。2017 年,滁州自己核算的 GDP 排名全国第 147

位;2018 年,国家修订 GDP 统计方法后,滁州首次闯入全国 GDP 百强城市榜单;2019 年,滁州 GDP 排名全国第 92 位;2020 年,滁州 GDP 再次提升 4 个名次至第 88 位。而 2021 年前三季度,滁州 GDP 以 2 559.20 亿元的成绩位列全国第 80 名,排名超过了拥有千万人口的大城市——河北保定,以微小差距紧紧追赶着广东茂名、浙江湖州、江苏连云港和宿迁,并且在增速(16.45%)上均超越了前四者,大有继续逆袭之势。

艰难方显勇毅,新冠疫情发生的这几年,滁州不仅没有停下发展的脚步,其 GDP 排名反而提升得最多、最快。

3.4.2 对接大江北,建设新滁州

问"滁"机缘在何方,大树底下好乘凉。进入滁州,你会看到"对接'大江北'、融入长三角、实现大跨越"的标语俯拾即是。"大江北"是指 2015 年 6 月国务院批复设立的全国第 13 个、江苏省唯一的国家级新区——南京江北新区。

从地图上看,滁州位于安徽省最东侧,紧挨着南京江北新区。因为滁州下辖 8 个区县市中,有全椒、来安、天长、南谯和江北新区地域接壤,所以国家级新区江北新区一设立,滁州立马看到了自己家门口的重大机遇,滁州市委提出改革开放后的滁州已经走过了"大包干""大扬子""大滁城"时代,迎来了"大江北"时代,"对接大江北,建设新滁州"开始成为滁州的发展主旋律。

滁州主城区距离江北新区核心区直线距离仅 40 公里,从南京

南站乘坐高铁到滁州主城区仅需 20 分钟,即便如此,滁州仍在不断拉近与南京的距离。一方面,滁州市区在向东南方向(南京方向)扩张;另一方面,滁州加快修建滁宁城际铁路。这是我国第一条跨省建设的市域城际铁路,西起京沪高铁滁州站,对接江苏省正在规划建设中的新南京北站,线路全长 54.4 公里,其中滁州段全长 46.25 公里。就在 2022 年 12 月 28 日,滁宁城际铁路一期工程二标段全线贯通,距离 2023 年正式通车迈出了重要的一步。

目前滁州与南京江北新区衔接的省际高速公路已建成通车 4 条、普通国省干线公路 15 条,与南京相连的多条"断头路"被打通,一个内联成环、外联成网的大江北"半小时"通勤圈基本形成。

除了从交通上进一步拉近双方的距离外,滁州还在产业发展上全面"抱紧"江北新区。滁州依托以苏滁产业园、市经开区原创城、汊河科技新城、南谯科创城"一园三城"为主体的国家级产城融合示范区,形成对接江北新区的产业承接平台,重点在电子信息、机械制造、人工智能、新材料等产业方面做好招商承接,推进与"大江北"的产业协调配套和错位发展。

结合江北新区的产业定位与自身优势,滁州还做了详细的产业协同规划。滁州经开区负责承接南京智能制造转型产业,如智能家电、智能设备、智能家居等产业;苏滁产业园和承接产业转移示范区结合新能源、新材料打造智能装备制造的原材料、部件供应环节;滁州高教科创城坐实智能电网设备制造、高端制冷制造、新材料主导产业地位,并结合江北新区新材料产业研发化工新材料低碳、绿色、无害的下游涂料产业;全椒、天长结合主导产业与南京对接,发展智能装备、机械制造业。仅仅 2020 年,滁州就承接沪苏浙转移或合作项目 240 个,占全市新签约项目的 50% 以上。2022年年底,滁州对接"大江北"再添重磅利好,国家发展改革委发布了《沪苏浙城市结对合作帮扶皖北城市实施方案》,安排南京结对帮扶滁州。接下来,从干部互派挂职到共建产业合作园区,从资本与项目对接到民生共建共享,南京和滁州的"大手"和"小手"将会牵得更紧、更牢。

回顾滁州过去的发展,无论是农业"大包干"、工业"大扬子"还是城建"大滁城",都是在自身内部做文章,难免有些局限,而全面对接"大江北"则是跳出滁州看滁州,站在更高的维度上发展滁州。格局一拓天地宽,滁州也确实迎来了飞速发展期。

3.4.3 依托资源建设光伏全产业链

过去几年,滁州除了向外借力,把区位优势发挥出来之外,还对内挖潜,做起了"资源换产业"的文章。

滁州凤阳的石英岩矿初步探明储量约 100 亿吨,二氧化硅含量达 99% 以上,储量、品位和开采价值均居全国第一。滁州抓住机遇,依托这百亿吨石英砂资源,建立起覆盖石英砂、硅片、光伏玻璃、光伏电池、光伏组件、逆变器、光伏边框、封装胶膜、光伏背板、光伏电站等环节的完整产业链条。

2018 年,光伏巨头隆基股份在滁州投建了年产 13GW 的太阳能组件项目,在整个隆基股份体系中,滁州隆基乐叶是其最大的太阳能组件基地之一。除此之外,晶科能源、福莱特、福斯特、东方日升等光伏巨头也纷纷将核心基地"安家"于此。

2019 年,安徽省政府将凤阳县列为省级硅基新材料县域特色产业集群(基地)。根据滁州市发展改革委的数据,截至 2022 年,滁州已建成、在建、已签约开展前期工作和在谈光伏产业重点项目 58 个,总投资达 1 920 亿元,累计完成投资 344 亿元。2021 年 1—10 月,滁州当地光伏产业实现产值超过 300 亿元,同比增长超过 100%;其中,隆基股份光伏组件产值达 131 亿元,福莱特光伏玻璃产值达 34 亿元,晶科能源光伏组件产值达 52 亿元。几年时间,从无到有,滁州建立了一个投资规模大、头部企业多、产业链齐全的光伏产业基地,渐渐有了"光伏之都"的气象。

滁州还在安徽全省率先建立了产业链链长制,实行"一套班子、一只基金、一个协会、一个研发平台"的模式,全力推动"多链协同"。其中,光伏产业链作为滁州八大重点产业链的首链,由市委书记亲自兼任光伏产业链链长。

2021 年前三季度滁州共引进八大产业项目 259 个,占全部招引项目的 70.2%,有力促进了八大产业的集聚发展。

春天只管播种,秋天自有收获。

2021 年 11 月 29 日,工业和信息化部赛迪研究院发布《先进制造业百强城市(2021)》榜单,滁州成功上榜,位居第 61 名,远超其 GDP 的全国排名,彰显了滁州工业的实力和潜力。就在同一时间,中国社科院城市竞争力课题组也发布了"2021—2022 年度中国城市竞争力提升最快 Top20"排名,滁州以上升 62 个位次的成绩位列全国第三。

悠悠清流河述说着滁州的历史,千年琅琊山见证着岁月的更迭。从欧阳修笔下的"环滁皆山也",到今天"大江北时代"的"环滁皆产业",滁州,正以"黑马"的姿态刷新着人们的认知,告诉世人:一个现代化的新滁州正在江淮大地上奋力崛起!

3.5 安庆:宜城宜业,绝地反击

3.5.1 魄力十足"自曝家丑"

2022 年 8 月,我们借着广东佛山公开发表自曝家丑的国资国企改革檄文的时机,写了一篇文章《凡是说自己不行了的城市,后来都很行》,为佛山、宁波、山东、西安这样敢于直面自身问题的地区喝彩。文章最后总结道:没有批判就没有进步,没有把问题暴露到公众视野,就不会有触及灵魂的改变。希望这样的自我批判越多越好,这样的奋起直追越多越好!

巧合的是,2023 年年初,安庆市委主要领导也曾在媒体撰文,将安庆目前的发展困境一一罗列,公之于众。其问题如下:

一是发展速度不快。自 2016 年以来,全市地区生产总值增速均低于全省平均水平,且基本居全省十名开外。与全国百强城市相比,安庆地区生产总值的差距呈持续拉大趋势。

二是县域经济不强。全市 7 个县(市)中,仅桐城市进入全省县域经济总量 20 强;有 5 个县(市)地区生产总值不足 300 亿元。

三是产业发展不优。产业集群规模较小,汽车及零部件、化工新材料两大主导产业产值均不足 500 亿元。企业存在同质化竞争现象,利润率普遍不高,百亿级龙头企业屈指可数。金融业发展滞后,存贷比、直接融资规模较长时间在全省垫底。

四是开放水平不高。经济外向度不足 1%,2019—2021 年,全市进出口总量、增幅在全省均居中靠后;2016 年以来,全市利用外资总量始终居全省倒数。

没有城市的时代,只有时代的城市。

安庆——安徽一个普通却不寻常的省辖地级市,曾做过 179 年的省会,历史文化底蕴极其厚重,是国家历史文化名城,安徽的"安"即来源于安庆。作为守卫南京的长江沿岸城市,明清时期,安庆既是军事重镇,又是政治重地。随着长江水道的发展,安庆的经济实力也在稳步提升。清末民初,集区域军事、政治、经济中心于一身的安庆与重庆、武汉、南京、上海这些大城市并称"长江五虎"。

然而,随着战争的破坏,政治中心的转移,陆路交通对水运的替代,以及周边城市快速崛起后的"虹吸",安庆开始与时代的浪潮脱钩,从昔日的"长江五虎"一步步变成了今日的"安徽老五"。做过主角的人岂能甘当配角? 万里长江犹在,万丈雄心难泯,但成

"虎"倚仗不再,安庆该如何浪遏飞舟、绝地反击?

3.5.2 洒扫庭除,外联老乡,广纳英才

2022 年 10 月,下决心要打翻身仗的安庆提出了"内搭平台,外联老乡"的发展思路。即对内夯实园区平台、资本平台、开放平台等发展载体,对外加强与安庆籍人才的交流联系,汇聚老乡力量,加快推动安庆高质量发展。这一新发展思路是安庆基于市情实际、基于自己独特的资源禀赋提出来的。

拥有 800 多年建城史、179 年省会史的安庆,崇文重教,改革开放以来凭借基础教育的硬核实力,先后有 110 多万名学子通过高考走出安庆,走向全国,各行各业安庆籍的企业家、投资人有 4 万多人,还有"两院"院士 30 多位。

在合肥举办的 2022 世界制造业大会发布了《徽商发展报告 2022》,报告公布了"2021 徽商百富榜",其中有 17 位企业家的籍贯是安庆市,在安徽省地级市中的数量最多。毫无疑问,企业家群体是最具生产力的社会群体,是当今经济社会最宝贵的稀缺资源。哪里企业家多,哪里经济就活跃,进而带动整个社会充满创新与变革活力。

外联老乡只靠乡情肯定不行。为了吸引老乡企业家群体回家乡投资兴业,把大项目、好项目引进来,安庆对标长三角先进地区,优化打造"满宜办"("宜"为安庆简称)品牌的营商环境。比如,全市政务服务持续进行便利化改革,服务事项平均提交材料数精简

至 2.01 件,审批事项平均承诺时限压缩至 1.8 个工作日,"最多跑一次""只进一扇门"事项实现全覆盖。又比如,推动更多惠企政策"免申即享",确保政策红利精准、便捷地惠及市场主体,2021 年全市新增减税降费 15.85 亿元。安庆还有一个营商创举,是对企业实行轻微违法行为"首违免罚",最大限度地降低执法行为对企业正常生产经营活动的不利影响。

营商环境的改善,让企业办事更加便捷高效,既展示了安庆的"真诚与效率",也让老乡们真真切切看到了家乡的变化。慧儒铜箔项目洽谈 21 天即签约,签约 40 天后即开工,创安庆"双招双引"新速度;美的新能源项目从洽谈到签约奠基,用时仅 2 个月;国轩新能源项目"签约即开工,半年即交付"。

2022 年 9 月 30 日,以"畅叙新安庆,共建大宜城"为主题的首届中国宜商大会在安庆会展中心隆重举行,近 500 名宜商代表及各界人士在这里相聚,为安庆带来了 20 个重点项目,协议投资额达 460 亿元,其中 100 亿元以上的项目有 2 个。

安庆籍的方洪波带着 110 亿元的美的新能源项目回来了!

安庆籍的王文银带着 100 亿元的正威潜阳产业园项目回来了!

安庆籍的李缜带着 70 亿元的国轩新能源项目也回来了!

"金凤还巢"开始成为安庆发展的别样风景,越来越多在外老乡带着"真金白银"回乡投资兴业。2021 年以来,安庆全市新签约亿元以上项目 551 个,总投资达 2 227 亿元,其中,20 亿元以上项目有 24 个,投资总额达 872 亿元;投资 110 亿元的美的新能源、100 亿元的正威潜阳产业园、70 亿元的国轩新能源、60 亿元的集泰化工、58 亿元的慧儒铜箔、20 亿元的迪赛诺制药等一批重大工业项目开工建设。"回安庆对了",逐渐成为返乡兴业企业家们的共识。

3.5.3 不仅"活"人,还要"活"财

改革创新、用心干事,自会激活一池春水。从 2021 年起,安庆开始呈现破局向上的趋势。

从地区生产总值来说,2021 年,安庆地区生产总值达 2 656.88 亿元,比 2020 年增加了 275.4 亿元。这一增量比 2019 年和 2020 年的合计增量还要高出近百亿元。

从工业经济来看,2020 年安庆全市规模以上工业实现利润 149.6 亿元,同比下降 7.2%,年末全市规模以上工业企业数达 1 660 户,比上年净减 98 户。到了 2021 年,全年规模以上工业企业实现利润 174.8 亿元,同比增长 15.9%;营业收入利润率达 6.79%,增长了 0.37 个百分点;年末全市规模以上工业企业数为 1 722 户,新增规模以上企业 199 户。

2023 年,宏观经济压力虽大,形形色色的挑战虽多,但良好的发展势头在安庆得以延续。2023 年 1—8 月,安庆战略性新兴产业产值、高技术产业增加值、高新技术产业增加值分别增长 29.7%、22.1%、19.6%,三者的增幅分别居全省第 3 位、第 5 位和

第 5 位。2023 年 1—8 月,安庆全市固定资产投资增长了 13.2%,比全省平均水平高 4.7 个百分点,居全省第 5 位。2023 年前 8 个月,安庆进出口总值达 144.8 亿元,同比增长 47.2%,外贸总值居全省第 7 位,增速居全省首位,为近 10 年来的最高增速。

财政收入是实体经济活跃度和高质量发展的最直接体现。2023 年 1—8 月,安庆一般公共预算收入达 125.4 亿元,同比增长 13.8%,比全省平均水平高 8.5 个百分点,增速居全省第 1 位。

通过"内搭平台,外联老乡",进行资源整合、蓄力发展,增速从中下游奋力跻身全省上游,安庆做到了。当然,"激活老乡企业家资源"只是万里长征的第一步。在分析统计数据时,我们发现,"盘活闲置金融资源"可以成为安庆实现继续反弹的第二招。金融是现代经济的核心,也是实体经济的血脉。金融资源大量闲置的地区,实体经济的增长潜力肯定没有得到充分挖掘。

2023 年 8 月末,安庆全市金融机构人民币存款余额达 4 574.7 亿元,人民币贷款余额达 3 387.7 亿元,存贷比为 74.05%。而同期,安徽全省的存贷比是 88.84%,民营经济大省——浙江省的存贷比是 97.0%。这说明,在充分挖掘金融助力实体经济的潜力方面,安庆还有很大的提升空间。什么时候"人""财"的积极性全部被调动起来,那就是安庆全面崛起之时。

另外,站在更大的格局来看,作为皖南第一城,安庆的全面崛起可以带动整个安徽南部的发展,对于安徽省补齐短板、实现区域均衡发展至关重要。从这个意义上来说,安徽助力安庆崛起,可以有效发挥杠杆效应,实现更大的经济和社会效益。

"安庆有戏,宜城宜业",祝福绝地反击的安庆在新征程上重振雄风,再塑辉煌!

（汪志强　西南财经大学中国西部经济研究院兼职研究员）

第4章
赣鄱流域绽放"五朵金花"

"环江西高铁圈""环江西万亿元城市圈""环江西经济带""环江西5G圈""环江西985高校圈"……多年来各种环江西圈层出不穷,原本存在感不强的江西省倒是火了一把。其实,很多所谓"环江西圈"现在早已经不存在。

例如"环江西高铁圈",高铁已成为江西发展的"高频词",其高铁里程突破2 000公里,已建成10条时速超过200公里的高速铁路。再如"环江西5G圈",根据江西关于5G建设的发展工作规划,到2021年年底,江西累计开通5G基站5.5万个,这个数量已经跟中部其他省份及福建省处在同一水平。同时,随着2022年中国经济版图迎来新变化,江西GDP增速位列全国第一。尽管江西正在不断地"破圈",经济快速发展,但是人们对江西"阿卡林省"的印象,短时间内很难改变。

再从城市层面看,与江西交接的各省份均有GDP超万亿元城市,如广东的深圳、广州和佛山,浙江的杭州和宁波,湖北的武汉,湖南的长沙,安徽的合肥,福建的泉州和福州等,而江西省GDP最高的城市——省会南昌2022年的GDP仅7 203.5亿元,与周边

GDP 超万亿元城市的差距较大,更遑论江西其他地级市了。"环江西万亿元城市圈"魔咒又该如何破除?

4.1 边缘化的千年强省

4.1.1 曾经的国家经济命脉

在宋朝,江西就已基本撑起了大宋的经济命脉。北宋每年的六百万石漕米,富甲天下的江西就占了三分之一。到了明朝,江西的经济地位依然重要,其人口更是占到了全国人口的 15%。当时江西除了盛产农作物、经济作物外,手工业、造纸业、瓷器制造业也都蓬勃发展,其中,景德镇的瓷器享誉至今。即便到了新中国成立后,江西的经济地位依然不可撼动。三年困难时期,江西共支援全国 42 亿斤粮食,帮助全国人民渡过难关。

有着如此辉煌的过去,那么当前江西的经济表现如何呢?

2022 年,中部六省经济发展平稳前行,GDP 在 6 万亿元以上的省有 1 个,为河南(61 345.05 亿元);GDP 在 4 万亿元到 6 万亿元之间的省有 3 个,分别为湖北(53 734.92 亿元)、湖南(48 670.37 亿元)、安徽(45 045 亿元);GDP 在 2 万亿元到 4 万亿元之间的省有 2 个,分别是江西(32 074.70 亿元)、山西(25 642.59 亿元)。在中部六省中,江西的 GDP 仅领先山西,且与前 4 名有较大差距(见表 4 - 1)。

表 4-1　2022 年我国各省份(不含港、澳、台)GDP 排名

序号	省(区、市)	2022 年 GDP/亿元	同比增长/%	2023 年 GDP 回标增速/%
1	广 东	129 118.58	1.9	5 以上
2	江 苏	122 875.60	2.8	5 左右
3	山 东	87 435	3.9	5 以上
4	浙 江	77 715.00	3.1	5 以上
5	河 南	61 345.05	3.1	6
6	四 川	56 749.80	2.9	6 左右
7	湖 北	53 734.92	4.3	6.5 左右
8	福 建	53 109.85	4.7	6 左右
9	湖 南	48 670.37	4.5	6.5 左右
10	安 徽	45 045	3.5	6.5 左右
11	上 海	44 652.80	−0.2	5.5 以上
12	河 北	42 370.40	3.8	6 左右
13	北 京	41 610.9	0.7	4.5 以上
14	陕 西	32 772.68	4.3	5.5 左右
15	江 西	32 074.70	4.7	7 左右
16	重 庆	29 129.03	2.6	6 以上
17	辽 宁	28 975.10	2.1	5 以上

续 表

序号	省 （区、市）	2022 年 GDP /亿元	同比增长 /%	2023 年 GDP 回标增速/%
18	云 南	28 954.20	4.3	6 左右
19	广 西	26 300.87	2.9	5.5 左右
20	山 西	25 642.59	4.4	6 左右
21	内蒙古	23 159	4.2	6 左右
22	贵 州	20 164.58	1.2	6 左右
23	新 疆	17 741.34	3.2	7 左右
24	天 津	16 311.34	1.0	4 左右
25	黑龙江	15 901	2.7	6 左右
26	吉 林	13 070.24	−1.9	6 左右
27	甘 肃	11 201.6	4.5	6
28	海 南	6 818.22	0.2	9.5 左右
29	宁 夏	5 069.57	4.0	6.5 左右
30	青 海	3 610.1	2.3	5 左右
31	西 藏	2 132.64	1.1	8 左右

资料来源：国家统计局官网。

若从城市角度看，2022 年中部省会城市 GDP 排名依次为武汉（18 866.43 亿元）、长沙（13 966.11 亿元）、郑州（13 590 亿元）、合肥（12 012 亿元）、南昌（7 203.50 亿元）、太原（5 571.17 亿元）。江西省会南昌的 GDP 位列第 5 名，且同样与前 4 名有较大差距。

若从江西省主要城市 2022 年的 GDP 来看（见表 4‑2），排名依次为南昌（7 203.50 亿元）、赣州（4 523.63 亿元）、九江（4 026.60 亿元）、宜春（3 473.12 亿元）、上饶（3 309.70 亿元）、吉安（2 750.33 亿元）、抚州（1 945.62 亿元）、新余（1 252.15 亿元）、鹰潭（1 237.55 亿元）、景德镇（1 192.19 亿元）、萍乡（1 160.33 亿元）。江西省主要城市的 GDP 整体分布较为平均，省会南昌并没有拉开与其他地级市的差距，缺少像武汉、长沙这种万亿级的经济龙头。

表 4‑2　2022 年江西省主要城市 GDP 数据概览

地　区	2022 年 GDP/亿元	增长/%	2021 年 GDP/亿元
全　省	32 074.7	4.7	29 619.7
南昌市	7 203.50	4.1	6 650.53
赣州市	4 523.63	5.2	4 169.37
九江市	4 026.60	4.3	3 735.68
宜春市	3 473.12	5.3	3 191.28
上饶市	3 309.70	5.1	3 043.49
吉安市	2 750.33	5.1	2 525.65
抚州市	1 945.62	5.0	1 794.55

地　区	2022 年 GDP /亿元	增长/%	2021 年 GDP /亿元
新余市	1 252.15	4.8	1 154.60
鹰潭市	1 237.55	4.9	1 143.92
景德镇市	1 192.19	4.7	1 102.31
萍乡市	1 160.33	2.0	1 108.30

资料来源：江西省统计局官网。

4.1.2　长期的人文昌盛之都

唐宋以来，江西佛、道之盛，大德大师喷薄而出，开宗立派。

江西是禅宗的定型之地，宜春是禅宗重要的发源地之一。唐宋以来，佛教禅宗文化在宜春这片土地上播种、生根、开花、结果。2011 年，星云大师到宜春寻根访祖，挥毫写下"禅都宜春"四个大字。中国佛教协会会长一诚大师也欣然命笔："宜春是禅宗圣地。"海峡两岸两位禅宗巨匠都肯定了宜春在中国禅宗发展史上的特殊地位。

江西也是道教的发祥之地。鹰潭市境内的龙虎山是《水浒传》开篇所描绘的道教名山，正一道祖庭，在道教兴盛时先后建有 10 个道宫、81 座道观、50 座道院、10 个道庵。

同时，江西也是人文蔚起之地。唐宋八大家中就有三位——

第4章　赣鄱流域绽放"五朵金花"　　**095**

曾巩、欧阳修、王安石是江西人。元代地理学家、航海家汪大渊也是江西人。明朝内阁首辅严嵩、戏曲文学家汤显祖、著有《天工开物》的宋应星等都是江西人。

时至今日,江西省整体的文化存在感不强,各城市的知名度则更低。其中,坐拥滕王阁的省会南昌,知名度甚至还不如江西其他几个城市:因"不识庐山真面目"而闻名的庐山市,共产党第一个农村革命根据地所在地井冈山市,中国千年瓷都景德镇市等。

4.1.3　区位上的东南形胜之地

江西古称"吴头楚尾,粤户闽庭",乃"形胜之区",东邻浙江、福建,南连广东,西靠湖南,北毗湖北、安徽而共接长江。"群山环绕,江河纵横",边缘群山环绕,内部丘陵广亘,中北部平原坦荡。北部更有中国最大的淡水湖鄱阳湖,通过赣江与长江相连,成为水路交通枢纽。

古时海运、陆运不发达,交通主要依靠水路。江西则是闽、粤、桂、湘等省区通达京杭大运河的要道和货物的集散地,各路货物汇于鄱阳湖,顺长江而下扬州,由运河送至北方。唐代开元年间,赣江成了直达中原、广东的水运脉络;宋代以后更是南北必经水道,赣鄱流域城市均为华中富庶之地。

近代以来,河运地位逐渐降低,取而代之的是铁路、海运、空运。江西不靠海,在海运蓬勃发展时,江西分不到任何一杯羹,沿海城市就在这时迅速崛起了。晚清大量修铁路时,江西的铁路建设跟进较慢。从陆路来看,江西的地理位置已变得不那么突出,逐渐失去了连接中国南北"黄金地段"交通和经济中心的身份。

4.2 "强省会"战略赋能江西经济高质量发展

4.2.1 "强省会"的方向未曾改变

2005 年,江西提出了"一主两副"的发展战略,"一主"是省会南昌,"两副"分别是九江和赣州,顺势拉开了两座副中心的区划热潮;2010 年,国务院批复设立共青城市,由九江代管,成为赣江新区四大组团之一,经济先行先试;2016 年,上饶又与九江和赣州一道,升格为"省域副中心城市";2021 年,江西省提出"省会强则全省强,省会兴则全省兴"……

时代在不断变化,但不变的是强南昌的大方向。确实,南昌的弱是显而易见的。很多人也将江西存在感低的原因归结为省会南昌太弱,没有很好地带动整个江西的发展。江西在未来的发展规划中也提出了强省会战略,将以建设南昌都市圈为契机,做大做强南昌。

4.2.2 强省会已成为中西部相对落后省份的现实选择

进入"十四五","强省会"一词频频见诸媒体。据不完全统计,目前长沙、石家庄、福州、贵阳、太原、济南、南宁、武汉、郑州、昆明、南京、杭州、成都、西安等省会城市,都提出了"强省会"战略或强中心城市战略,一些首位度并不低的省会城市,还迅速出台了操作性极强的具体实施意见。

当前,我国经济发展的空间结构正在发生深刻变化。不同于以往,中心城市和都市圈在区域经济发展中正在承担越来越重要的作用。"强省会"战略也已成为全国多个省份,尤其是中西部相对落后省份的现实选择。

在中国的城市体系里,不同城市有不同的竞争优势。东部沿海城市大多走双核发展之路,如广东的广州和深圳,江苏的南京和苏州,浙江的杭州和宁波,福建的福州和厦门等。

除了北上广深和少数强二线城市有足够魅力招揽天下英才外,绝大多数城市抢资源首先就要从本省的盘子里来挖。因此,强省会战略对于中西部地区的重要性远胜于东部沿海省份,成为经济发展的"空间推进器"。在中国大多数省份实施了该战略后,这些地区迅速提升了 GDP、土地开发面积、常住人口、财政收入等指标,扩大了城市规模,增强了资源配置能力与调控能力,带动周边区域进入了快速发展轨道,从而实现了中心强——辐射影响周边区域——带动全省域发展的路径。

强省会之于中西部的重要意义,在于哪怕在整体竞争力弱于东部的前提下,能保证省内至少有一个能够吸引人的"磁场"。这几年中西部省份能缩小与沿海的差距,主要得益于强省会战略。

4.2.3 强省会的底层逻辑：做强而非做大

2020 年，《求是》杂志刊发重磅文章《国家中长期经济社会发展战略若干重大问题》，文章指出："中西部有条件的省区，要有意识地培育多个中心城市，避免'一市独大'的弊端。"如文中提到的，强省会战略最需要注意的，就是避免"一市独大"的弊端。

四川成都是我国强省会模式的典范，但因过于追求资源的集聚，"一市独大"这一弊端也较为明显。2022 年，成都 GDP 总量达 20 817.5 亿元，占全省 GDP 总量的 36.71%。但有得必有失，从经济体量上来看，四川省内除了绵阳市的 GDP 超过 3 000 亿元之外，其他城市差距都很大，成都的 GDP 总量相当于省内很多兄弟城市 GDP 之和。在强烈的"虹吸效应"下，成都近 10 年净增人口超过 580 万人，仅次于一线城市的广州和深圳。而周边的南充、资阳等城市人口下滑幅度超过 10%。人才都去了省会就业，没有岗位也就没有产业，经济发展不起来导致更多人向外跑，形成恶性循环。

强省会，首先要提升省会城市的发展能级，以点带面，以面带体，辐射全省，以省会的强带动全省的强。"强省会"的要求是综合性的、全方位的，是在新发展理念指导下的"强省会"。单纯追逐经济总量规模扩张，不计代价追求 GDP 高增长，既不符合时代的要求，也不是"强省会"的目标。

近两年，强省会受到几乎所有省份的追捧。归根结底，无论是发展强省会还是多点开花,带动经济发展得结合本省的实际情况。只有制定适合本省的发展模式,才能对提升经济起到推动作用。

4.2.4　强南昌以带动全省高质量发展

省会是省域中心城市,其产业、人口、技术等生产要素高度集中,各类创新资源丰富,综合实力强,发展程度高,在全省经济社会运行中处于动力源的位置,其影响力远远超过其他城市。强南昌对江西的作用体现在以下四个方面。

一是辐射带动作用。省会往往可以通过产业链条、服务体系、功能分工、融合联动等途径,推动周边和省内其他区域发展。比如南昌强大的航空工业体系,可以带动周边九江、景德镇等具有一定航空工业基础的地级市,实现联动发展。

二是引领示范作用。基于良好的发展基础和特殊使命,省会不仅能够率先垂范、带头发展,还能通过先行试验,为全省高质量发展探索路径,为省内其他城市和地区的发展提供可复制、可推广的经验。

三是支撑惠泽作用。基于综合实力和社会责任,省会不仅在全省发展中担当重任,而且通过资金、人才、技术、产业转移等促进省内其他城市和地区加快发展。

四是帮扶救助作用。通过对口支援等途径帮扶欠发达地区特别是贫困地区,推动区域实现共同富裕,如萍乡、景德镇等相对落后的地级市区域。

4.3 从强省会再到"五朵金花"

4.3.1 江西省产业布局的空间特征

如表4-2所示,江西整体GDP分布较为平均,省会南昌并没有拉开与其他地级市的差距。同时,南昌、赣州、九江、宜春、上饶五大地级市的GDP在3 000亿元以上,与后面的地级市拉开了较大差距。

江西整体群山环绕,江河纵横,地理阻隔效应明显。西北方的幕阜山、九岭山,西边的武功山、罗霄山脉,西南边界的万洋山、诸广山、大庾岭、九连山,以及东南方与福建接壤的武夷山脉和东北方的怀玉山等,形成了自然屏障。这种空间地理特征,成为南昌、赣州、九江、宜春、上饶5个城市间经济发展和交流的天然障碍,使得在省内形成顺畅的经济大循环变得困难。同时,这5个城市分别位于江西的中、南、北、西、东5个方位,分别为:中南昌、南赣州、北九江、西宜春、东上饶。从九江到赣州的距离超过了500公里,而从宜春到上饶的距离也将近400公里。

幅员辽阔代表着有广阔的发展腹地,原本是一项巨大的优势,但从江西的版图上看,这项优势却成了一把双刃剑。空间上的距离加上地理上的阻隔,让江西五强城市的联系不够紧密,产业上的联动也较为困难,很难形成全省产业模式一盘棋。这也导致各地级市凭借自身的优势资源,建立起了自己的特色优势产业。

当下,江西南昌想要复制四川成都的模式,机遇已经过去,加上经济上各自的特色和优势,让江西通过强省会这一个引擎单一地引领全省发展,更是难上加难。根据江西地理空间的特点,"一核多极"的驱动方式更适合其未来的发展。

4.3.2　"1+4"五朵金花——南昌为核,环赣四极

从近年来江西 GDP 五强的角度看,赣鄱大地上开出的"五朵金花"分别是:中南昌、南赣州、北九江、西宜春、东上饶(见图 4-1)。

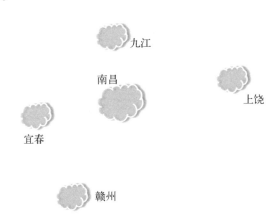

图 4-1　江西"五朵金花"

"环赣四极"各自的特点也非常明显。在地理空间上,南赣州紧邻广东,与粤港澳大湾区相连,北九江位于长江经济带,西宜春

则对接长株潭都市圈,东上饶则与苏浙沪地区接壤。根据不同的对接区域,这4个城市也展现出了各自的经济特色。最终,4个城市形成拱卫之势,环绕在南昌这一发展核心周围。因此,南赣州、北九江、西宜春和东上饶这4个城市都有自身独特的发展逻辑。

(1)赣州对接广东。江西是粤港澳大湾区产业转移的主要承接地之一。赣南作为江西与广东接壤的地区,更是对接粤港澳大湾区的桥头堡。赣州既是江西的南大门,又是江西省最大的行政区,具有辽阔的土地优势和地理空间优势,是承接广东产业转移的最佳区域之一。随着赣深高铁的开通,赣州到深圳的时间缩短至2小时,赣州真正融入了粤港澳大湾区2小时经济圈。

(2)九江对接长江经济带。随着国家区域协调发展战略向纵深推进,长江中游城市群正成为支撑长江经济带发展、中部地区崛起乃至全国高质量发展的重要增长极。在长江中游城市群中,坐拥长江152公里黄金水道的九江市无疑是重要支点。对接长江经济带,可以放大沿江临港优势,培育壮大新兴产业,全力跃升城市能级,推动经济社会高质量跨越式发展。

(3)宜春对接长株潭都市圈。宜春位于江西省西北部,紧邻长株潭都市圈,有利于承接长株潭的产业转移,从而进一步加强湘赣边产业园的建设,助推宜春打造赣湘鄂区域中心城市,成为长江中游城市群的重要成员。

(4)上饶对接浙江。上饶是江西省唯一与浙江接壤的市域,在承接浙江产业转移方面具有许多不可比拟的优势和条件。同时,上饶也有利于承接福建产业的内迁。在承接产业转移上,上饶无疑是最有优势的地区,前景非常广阔。如江浙一带的新能源汽车、数字经济、光伏等新兴产业。

作为"五朵金花"的核心,南昌的任务则是坚持守住全省 GDP 第一的地位,做中心最大的那朵花。根据 2023 年江西各城市 GDP 总量排名,尽管南昌在中部省会城市中的 GDP 总量并不突出,但在省内仍然稳居第一的位置。同时,根据南昌 2023 年经济发展的主要预期目标——GDP 增长 7.5%,在"十四五"到"十五五"期间,南昌的 GDP 有望突破万亿元大关,正式加入中部城市 GDP 万亿俱乐部。

4.4　赣鄱流域"五朵金花"并蒂开

4.4.1　"南昌+赣江新区"双核驱动

南昌——江西省省会,现辖三县六区、三个国家级开发区以及临空经济区、湾里管理局,面积达 7 195 平方公里,常住人口为 643.75 万人,是国家历史文化名城、全国文明城市、国家卫生城市、国家森林城市、国家园林城市、国家水生态文明城市、全国双拥模范城。

南昌历史悠久。公元前 202 年,西汉大将灌婴在此筑城,始称灌婴城,历经 2 200 余年,别名豫章、洪州、隆兴等,明代定名为南昌,寓"南方昌盛""昌大南疆"之意。南昌是历代县治、郡府、州治所在地,也是江西的政治、经济、文化中心,人文荟萃之地,以"物华天宝,人杰地灵"的美誉流传古今。南昌还是一座"英雄城",八一起义在这里打响了武装反抗国民党反动派的第一枪,被称为"军旗升起的地方"。国之重器055型导弹驱逐舰首舰被命名为"南昌舰"。

南昌文化厚重。这里名人辈出,孕育了中国音乐鼻祖伶伦、汉代南州高士徐孺子、净明道派创始人刘玉、晋代治水专家许逊、明末清初写意画大师八大山人(朱耷)等历史名家。王阳明、朱熹等历代大家在南昌留下了传诵千古的佳话逸事和不朽诗文。南昌文化遗存众多,拥有600余处文化遗址。唐代著名诗人王勃曾在"江南三大名楼"之一的滕王阁写下"落霞与孤鹜齐飞,秋水共长天一色"的千古佳句;西山万寿宫为道教净明忠孝道的发祥地;绳金塔屹立1 100多年不倒,是南昌的"镇城之宝";汉代海昏侯国遗址公园于2020年正式开园,是我国目前发现的面积最大、保存最好、内涵最丰富的汉代侯国聚落遗址。

南昌生态优美。南昌水资源丰富,"襟三江而带五湖",拥有"一江三河串十湖"的发达水系网络,其水域面积占全市面积的29.8%。南昌环境优美,全市绿化覆盖率达41.3%,梅岭素有"小庐山"之称;气候宜人,空气质量连续7年保持中部省会城市第一,$PM_{2.5}$浓度保持国家空气质量二级标准,城区黑臭水体全部消除,劣 V 类水整治成效明显,生态环境优势进一步彰显。随着国家生态文明试验区建设的深入推进,作为江西的核心城市,南昌将充分保护和利用良好的生态环境,使之成为最大的发展优势。

南昌区位独特。它地处长江中下游,濒临鄱阳湖西南岸,自古就有"粤户闽庭,吴头楚尾"之称,是共建"一带一路"的重要节点城市、长江经济带中心城市、中部地区崛起战略的支点城市,是唯一一个与长三角、珠三角和海西经济区毗邻的省会城市,是京九、浙赣铁路的交会点,也是京九线上唯一的省会城市。近年来,随着轨道交通、快速路网的加快建设,航线发展、港口建设加快推进,南昌的立体交通网络正加速形成。

1)南昌面临的问题

与江西的存在感弱对应,南昌也是一个存在感较低的省会。2022 年,南昌 GDP 总量为 7 203.5 亿元,同为长江中游城市群中心城市的武汉、长沙早已在 2014 年和 2017 年进入"万亿元 GDP 俱乐部",合肥 GDP 总量也于 2020 年超过 1 万亿元。从经济实力上看,在中部六省省会城市的排名中,南昌仅高于受能源经济下行影响较大的山西省会太原(见表 4-3)。

表 4-3　2022 年中部六省省会城市 GDP 对比

城市	2022 年 GDP /亿元	所在 省份	省份 GDP /亿元	GDP 占全省 比重/%
武汉	18 866.43	湖北	53 734.92	35.11
长沙	13 966.11	湖南	48 670.37	28.70
合肥	12 013.1	安徽	45 045	26.67

续　表

城市	2022 年 GDP /亿元	所在 省份	省份 GDP /亿元	GDP 占全省 比重/%
南昌	7 203.5	江西	32 074	22.46
太原	5 571.17	山西	25 642.59	21.73
郑州	12 934.67	河南	61 345.05	21.09

资料来源：国家统计局官网。

从南昌在全省的首位度来看，2022 年南昌 GDP 占全省 GDP 的比例为 22.46%，虽高于郑州的 21.09% 和太原的 21.73%，但明显低于武汉（35.11%）、长沙（28.70%）和合肥（26.67%）。

一说到南昌经济不够发达，大家的第一反应就是南昌的土地面积太小了。毕竟同样是江西的城市，赣州的面积是南昌的 6 倍，上饶的面积也是南昌的 3.5 倍。

江西全省总面积为 16.69 万平方公里，各地级市的面积差异巨大。其中，赣州一市的面积就达到 39 379.64 平方公里，占江西省总面积的 23.6%。面积最小的新余市，仅 3 178 平方公里，占全省总面积的 1.9%，不足赣州的 1/12。省会城市南昌 7 402 平方公里的总面积不足赣州 1/5，约占全省总面积的 4%。南昌市的面积在中部六省省会城市中更是垫底。这也难怪一直以来，空间结构不合理、市辖区面积小等问题，被视为南昌城市首位度低、资源要素集聚力不足的重要原因。

其实，南昌与中部其他省会城市的差距，不仅体现为空间意义上的面积差距,更多地体现在城市建设发展水平及其人口吸引力上。经济不给力,人口规模方面也毫无优势——2021 年年末,南昌常住人口为 643.75 万人,与千万人口的超级大城市门槛相差甚远,远低于武汉、郑州、长沙及合肥的常住人口数量。

如果仅仅着眼于城市的面积,简单地将南昌做大,南昌只会走上"摊大饼"的模式,很难帮助南昌经济继续突破。从曾经的南昌,到目前的"大南昌",再到未来的"强南昌",南昌还有不少路要走。

2)做强南昌,引爆品牌

产城园企,品牌先起。从产品品牌到企业品牌再到产业品牌,从服务品牌到文化品牌再到城市品牌,从渠道品牌到平台品牌再到生态品牌……在所有这些品牌中,城市品牌是品牌经济的集大成者,融产品、企业、服务、文化、渠道、平台、生态和企业家等众多品牌于一身,甚至是这些品牌的孵化器和加速器。从这个意义上讲,南昌要做强,首先要打好城市品牌。航空经济就是南昌品牌经济的一把金钥匙。

随着"一航集团"和"二航集团"合并成为新的中国航空工业集团("中航工业")以及中国商用飞机有限公司的成立,我国航空工业体制改革进一步深化,我国航空业步入了一个全新的时代,航空制造业呈现出新动态。

江西经过 50 多年的发展,已经建立了相对完整的航空产业体系,成为中国航空工业的重要基地。随着大飞机项目的启动,江西的航空制造业将迎来一次巨大的发展机遇。南昌是江西航空制造业的集大成者。南昌的航空制造企业包括洪都航空工业集团有限责任公司(简称洪都集团)和洪都航空工业股份有限公司(简称洪都航空)。新中国第一架飞机和第一枚海防导弹也在这里诞生,南昌拥有悠久的航空制造历史和雄厚的技术积累。此外,南昌还拥有洪都飞机设计研究所、南昌航空大学等多家航空科研院所和试验基地。

然而,根据 2022 年江西十大上市企业市值榜,洪都航空(600316)仅排名第七,总市值为 168.45 亿元。相比之下,江西上市企业头部的赣锋锂业(002460)和江西铜业(600362)由于受到能源矿业行业限制,很难有大的飞跃。在洪都航空之后成立的中航沈飞(600760)和航发动力(600893)的市值已经突破千亿元,成为航空产业的代表(见表 4-4)。在国家大力推动航空工业发展、建设航空强国的当下,南昌应该进一步加大对航空产业的培育力度,推动临空经济带的发展。

表 4-4　2022 年江西省十大上市企业市值

排名	2022 年江西省十大上市企业	市值/亿元
1	赣锋锂业(002460)	1 460.08
2	江西铜业(600362)	582.08
3	孚能科技(688567)	318.54
4	江特电机(002176)	303.21

排名	2022 年江西省十大上市企业	市值/亿元
5	金力永磁（300748）	232.78
6	博雅生物（300294）	173.92
7	洪都航空（600316）	168.45
8	正邦科技（002157）	139.65
9	方大特钢（600507）	139.21
10	晶科科技（601778）	134.3

注：市值数据截至 2022 年 12 月 23 日。

如今的南昌已经拥有 9 家整机制造企业、1 家航空客改货企业、4 家无人机制造企业、2 家航空发动机制造企业和 4 家航空新材料制造企业。南昌正在朝着成为中国航空产业主阵地的目标稳步迈进。

南昌航空城是江西航空产业聚集的载体。目前,已经落户的项目达到 78 个,项目总投资额达到 711 亿元。南昌的航空产业布局以航空工业洪都、商飞（江西）飞机制造有限公司这两家整机制造龙头企业为骨干,深度融合国产飞机分工体系,一批附加值高、带动性强的优质项目陆续落户,产业链条不断延伸,研发制造体系日趋完善。

随着南昌航空城等航空产业集群日益完善,瑶湖机场即将加速建成,南昌成功筹办了三届南昌飞行大会。航空工业洪都、中国商飞等一大批航空企业入驻,C919、ARJ21 在瑶湖机场常态化试飞,江西航空研究院、北航江西研究院、民航局江西适航审定中心相继入驻。南昌航空城在产业聚集度、规模结构、研发能力等方面都展现出明显优势。一座集航空产业产品研发与制造、国际业务转包、通用航空运营与服务、航空教育、博览、旅游、文化、运动娱乐为一体的航空产业新城已初具规模。

从产业到城市,从园区到企业,南昌"产城园企"的发展逻辑和蓝图已逐渐清晰。南昌也正在书写下一段再创辉煌的产业发展故事。

3）打响"赣江",做强产业

赣江新区是南昌的另一个发展亮点,是中部地区第 2 个、全国第 18 个国家级新区。该区域包括南昌经济技术开发区、南昌临空经济区以及九江市共青城市、九江市永修县的部分街道和乡镇,规划总面积为 465 平方公里。南昌市与赣江新区本来就是城市发展共同体,两者相辅相成。

在产业方面,赣江新区结合了江西千年中医药传统,集结了制药工业龙头修正药业、药品分销龙头华润医药、保健品龙头江中药业、配方颗粒龙头新绿色药业等一大批龙头标杆企业,旨在打造国内唯一的中医药科创城。这可以打造中医药产业药食同源产业品牌和产城高地(见图 4-2)。

江西省具备打造中医药产业的优质土壤和历史文化。江西自古以来名医辈出,中医药文化源远流长。上千年以来,江西逐渐形成了"四医两帮一都"①的中医药文化及产业格局,充分反映了赣药在历史上的地位以及中药在江西省的重要地位。其中,"旴江医学"与"新安医学""孟河医学""岭南医学"并称中国四大医学流派。

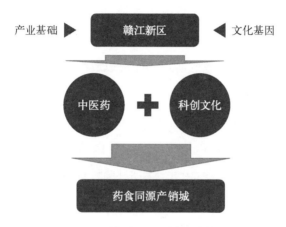

图 4-2　赣江新区品牌设计模型

就江西省而言,它被指定为"国家中医药综合改革试验区"。目前,中医药产业已被确定为江西的重要支柱产业,形成了完整的中医药产业链体系,正在不断发展和升级,并被纳入江西省"2+6+N"产业高质量跨越式发展行动计划中。

就南昌市而言,生物医药产业是其"4+4+X"产业体系的重要组成部分和关键环节。根据《南昌市人民政府关于加快生物医药

①　"四医"指南康医学、赣中医学、旴江医学、婺源医学;"两帮"指樟树帮和建昌帮两大中药加工炮制和经营体系;"一都"指樟树药都。——编者注

产业发展的决定》，南昌市生物医药产业的发展目标是围绕千亿生物医药产业，建设全国具有一定知名度的生物医药产业基地。在特色产业规模方面，中药产业作为南昌市的特色产业，也成为支撑全市生物医药产业发展的重要力量。

此外，利用"赣江"这条自然纽带，可以有机地串联起整个江西，以赣江新区为引领，带动整个江西的产业发展，并进一步发展飞地经济。中医药产业的研发功能可以放在北京、上海、广州等一线城市，产品初试、终试可放在赣江新区，生产配套基地可放在抚州、鹰潭、吉安等周边组团区域。例如，抚州可以重点打造中医药产业配套基地，鹰潭可以加快特色生物医药产业的发展。远期可通过赣江作为产业主线，由北至南来打通、带动从九江到赣州的中医药产业发展。

在品牌方面，可以在南昌品牌的基础上进一步打造并打响赣江品牌。在之前的强省会战略下，江西主打南昌城市品牌，但收效甚微。原因是南昌只是一个省会城市品牌，其面积仅占江西的4%，无法代表整个江西。

赣江是江西省最大的河流，自南向北纵贯全省，可以代表江西。它的流域范围涉及赣州、吉安、萍乡、宜春、新余等市所辖的44个县（市、区），发展空间广阔，可以连接起江西的南北两端，带动全省经济。南昌可以进一步放大赣江品牌效应。

与此类似，湖北宜昌主打三峡品牌而非宜昌品牌。例如，我国机场多以城市+所在地命名，如沈阳桃仙机场、广州白云机场。然而,宜昌机场是个特例,它坐落于湖北省宜昌市猇亭区,理应为宜昌猇亭机场,但它放弃了这个所在地品牌,选择了更为知名的名字"三峡机场",主打"三峡"这个更有知名度的区域品牌。

南昌也可以借鉴宜昌的成功经验。例如,将南昌昌北机场改为南昌赣江机场,昌北大学城改为南昌赣江大学城,即用流域和区域的品牌概念替代城市和都市圈的命名法则,真正打开品牌命名的格局和视野。

4.4.2　赣州打造省域副中心

赣州简称"虔",别称虔城、赣南,是江西省辖地级市、省域副中心城市,也是江西省的南大门。赣州地形以山地、丘陵、盆地为主,章江、贡江在赣州合流为赣江。全市总面积为 39 379.64 平方千米,占江西省总面积的 23.6%,为江西省最大的行政区,下辖 3 个区、13 个县,代管 2 个县级市,常住人口为 898 万人。

赣州是国家 Ⅱ 型大城市、"一带一路"重要节点城市、全国性综合交通枢纽、赣粤闽湘四省通衢的区域性现代化中心城市,拥有 4 个国家级开发区和 1 个综合保税区。赣州钨与稀土资源丰富,是全国稀有金属产业基地和先进制造业基地。赣州是革命老区、原中央苏区振兴发展示范区、红色文化传承创新区。赣州都市区是江西省重点培育和发展的都市区。2021 年,国务院支持将赣州振兴发展纳入国家重大区域战略。

赣州是江西省保存文物古迹,尤其宋代文物最多的一座滨水城市,有"江南宋城"之誉;是客家先民中原南迁的第一站,是客家民系的发祥地和客家人的主要聚居地之一,全市客家人口占90%以上,世称"客家摇篮"。赣州目前仍有600余幢客家围屋,被称为"东方的古罗马"。赣州被命名为"国家历史文化名城""中国优秀旅游城市",已形成了"红色故都、客家摇篮、江南宋城、生态家园、世界橙乡、堪舆圣地"六大旅游品牌。

1)赣南区域进入泛大湾区时代

早在2018年中央经济工作会议上,就将建设粤港澳大湾区提升至与京津冀一体化和长江三角洲一样的高度。我国建设粤港澳大湾区的主要目标是将其打造成继纽约湾区、旧金山湾区和东京湾区之后的世界第四大湾区。这既是我国进一步深化改革和扩大开放的重大国家经济发展战略,也是响应世界经济发展趋势的举措。粤港澳大湾区将成为我国新常态下经济快速发展的引领者。

江西是粤港澳大湾区产业转移的主要承接地之一。做好粤港澳大湾区产业承接,对赣南地区实现跨越式发展、加快江西高质量发展具有重大意义。

赣州作为对接粤港澳大湾区的桥头堡,其重要性不言而喻。2021年年底,随着赣深高铁的开通,赣州到深圳的通行时间缩短至2小时,赣州真正融入了粤港澳大湾区的2小时经济圈。数百家大湾区企业已经进驻赣州,投资总额已突破1 700亿元。

赣州旅游收入也突破了 1 500 亿元大关,其中 70%的游客来自大湾区。

以赣州南康区为例,当地通过租金"交半减半"的方式吸引广东家具产业转移,从"无中生有"发展到如今的"千亿级产业"。南康总人口近 80 万人,其中约 1/4 从事与家具相关的产业。目前沿海地区家具出口不景气,国内大市场的家具又受房地产调控的影响,南康成为从珠三角、沿海往内陆转型的第一站,也是家具的集散地,加上南康的家具产业完备,向南康发展也是趋势所在。此外,赣州市、南康区政府在各方面给予了外地品牌较大的政策支持。从中可以看出,江西与广东在产业转移上的联系非常频繁。许多广东企业在原材料、人工等方面向江西等内陆地区倾斜,而广东本地则聚焦技术研发和总部建设。

2022 年,赣州新签约引进数百个大湾区项目,包括富士康智能制造项目,主要从事全球高端 5G 手机精密组件的研发与生产。这些项目建成投产后,将打造具有赣州特色的现代电子信息产业集群,为赣南地区跨越式及可持续发展注入强劲动能。

赣州正在快速融入粤港澳大湾区,推进当地经济社会高质量发展,着力打造粤港澳大湾区产业转移承接地,推动工业产业倍增升级。

2) 瑞金助力赣州进入双机场时代

几年前,说起赣州机场,毫无疑问指的是位于南康区的赣州黄金机场。但到 2022 年,随着赣州瑞金机场整体移交至江西省机场集团有限公司进行运营管理,赣州也正式进入"双机场"时代。

瑞金机场是赣南革命老区的第二个民用机场,是列入《国务院关于支持赣南等原中央苏区振兴发展的若干意见》的重大项目,也是江西省"十三五"期间唯一新建的 4C 级支线运输机场。据了解,瑞金机场项目总投资达 16.6 亿元,按照年旅客吞吐量 55 万人次、货邮吞吐量 2 000 吨设计,兼顾通用航空发展。瑞金机场的建成,将进一步改善赣南革命老区的交通条件,让瑞金市迈入航空交通新时代,将惠及周边 680 多万名革命老区群众。目前,瑞金机场建设项目中,2 600 米主跑道已全线贯通,民航专业工程建设已基本完成,非民航专业工程单体建筑处于装修收尾阶段。2023 年 11 月 3 日,中国民用航空局正式批复,同意新建的瑞金机场命名为"赣州瑞金机场"。机场将进一步改善瑞金及周边综合交通运输体系,形成赣州"一市两场"的全新发展格局,惠及周边革命老区群众。瑞金机场的建成,对赣州市的全面协调可持续发展具有重大的意义。

赣州原本就是江西最大的地级市,其面积相当于 5 个南昌市。面积越大,相应的城市管理和产业发展的难度也等比递增。赣州章贡区位于赣州西侧,产业上可带动西侧片区发展;赣州南部紧邻粤港澳大湾区,可接收广东区域的产业转移;唯有赣州的偏东偏北区域,缺少强大产业引擎的引领,难以从中破局。

瑞金市是由江西省直辖、赣州市代管的县级市,位于江西省南部,武夷山脉南段西麓,赣江东源,贡水上游。瑞金历史悠久,是客家人的主要聚居地和客家文化的重要发祥地之一,同时又是红色故都,当年中央苏区文化的中心。瑞金是共和国摇篮、中央苏区时期党中央驻地、中华苏维埃共和国临时中央政府诞生地、中央红军二万五千里长征出发地,是全国爱国主义和革命传统教育基地,也是中国红色旅游城市。2015 年 7 月,经国家旅游局(现为文化和旅游部)正式批复,瑞金共和国摇篮景区成为江西第七、赣州首个 5A 级旅游景区。

同时,与瑞金相邻的石城,文化上也与瑞金一脉相承。石城县是中华客家文化发祥地、中国灯彩艺术之乡、中国民间文化艺术之乡,素有"客家摇篮"之称。石城县也是中央苏区全红县、中央红军长征重要出发地。

瑞金机场的建设,将有力带动并串联起赣州东北区域的经济发展,特别是以红色文化旅游和客家文化旅游为代表的文旅经济发展,使瑞金和石城成为与井冈山、南昌英雄城并列的红色文化旅游大市。

4.4.3　九江培育生态经济高地

九江简称"浔",古称柴桑、江州、浔阳,是江西省辖地级市、江西省区域中心城市之一、昌九一体化双核城市、环鄱阳湖城市群副中心城市、长江中游城市群成员城市、长江经济带支点城市、赣鄂皖湘区域性现代化中心城市。截至 2021 年,九江市常住人口为 456.07 万人，城镇化率为 62.15%。

九江是国家历史文化名城，一座有着 2 200 多年历史的江南名城，地处长江、京九铁路两大经济开发带的交叉点，是长江中游区域中心港口城市，是中国首批 5 个沿江对外开放城市之一，也是东部沿海开发向中西部推进的过渡地带，号称"三江之口，七省通衢"与"天下眉目之地"，有"江西北大门"之称。

九江被定位为中国百强城市、国家区域中心城市、国家 II 型大城市、全国性综合交通枢纽、鄱阳湖生态科技城、国家先进制造业基地、长江航运枢纽国际化门户、江西区域合作创新示范区。九江都市区是江西省重点培育和发展的三大都市区之一。九江是江西唯一的国际贸易口岸城市，九江港为长江第四大港口、国家一类口岸。

1）做大九江主城区

目前，九江市下辖 3 个区、7 个县、3 个县级市，合计 13 个区县，分别是：浔阳区、濂溪区、柴桑区、修水县、武宁县、永修县、德安县、都昌县、湖口县、彭泽县、瑞昌市、共青城市、庐山市。九江市 13 个区县的区划格局，先后历经了好几个阶段的调整。

九江原先的主城区很小，仅有浔阳区和庐山区。进入 21 世纪以后，九江市的主城区进一步扩大，城市人口进一步增加，产业体系进一步形成。2010 年，九江市组建了共青城县级市。2016 年，九江市的庐山区更名为濂溪区；同时，星子县和原庐山区的部分乡镇，组成了庐山县级市。2017 年，九江市的九江县被撤销，组建了柴桑区。截至 2017 年,九江市 3 个区、3 个县级市、7 个县的区划格局,已经基本形成。同时,出于发展经济的实际考虑,九江市陆续组建了经开区、八里湖新区、鄱阳湖生态科技城等几个新区。通过这几个功能区带动九江城区,九江成为江西行政区划改革的一大样板。

相比之下,南昌一定程度上可以吸收九江的成功经验。若能将距南昌市中心仅 15 公里的南昌县撤县设区,同时将老城区中的小区进行合并,南昌的主城区就可以在不占用新的区县编制的情况下将主城区做大。

2)提升"九江"品牌,擦亮"庐山"名片

九江市滨江傍湖,水域面积辽阔,涉水县区多,不仅坐拥 2/3 的鄱阳湖水域面积,更全揽 152 公里长江江西段岸线。

九江应依托鄱阳湖庐山港口发展生态经济,让生态文旅成为九江城市规划的重要导向;应当坚持城市建设围绕旅游项目的要求,将每一个项目高标准建设成为可城可游的项目,提升城市旅游品位,走一条独具特色的城市建设之路。九江城市建设应充分发挥自身具备的古城、鄱湖、绿水等特点,建议可以考虑"一城多区"或"一区一品"等思路。

同时,九江还坐拥庐山这一历史名胜风景区。描写庐山的诗句数不胜数,有诗仙李白的"疑是银河落九天",也有东坡居士的"不识庐山真面目"。古今名人的加持和独特的自然风光,让庐山从不缺少关注度。

九江坐拥庐山这座宝山，却和这张名片的联系并不紧密。提起黄山，我们脑海里会想起"安徽黄山"这个词条；但说起庐山，可能很多人并不会第一时间想起"九江庐山"这个词条。未来，九江要用好"庐山"这张金字招牌，在品牌传播时与"九江"进行组合，潜移默化地提升存在感。同时，九江应更好地应用"生态经济"这张牌，打造鄱阳湖生态经济区核心板块，坚持现代化、国际化、低碳化发展模式，让九江成为经济文明、社会文明和生态文明有机统一的样板，鄱阳湖生态经济区的亮点，国际合作的示范区，长江经济带重要的生态节点。

4.4.4 宜春铸造文旅经济品牌

宜春是江西省辖地级市，古称袁州，是长江中游城市群重要成员、赣湘鄂区域中心城市、全国锂电新能源产业基地、全国健康养生基地。其总面积达 18 700 平方千米。宜春市政府驻袁州区，截至 2022 年 10 月，该市辖 1 个区、6 个县，代管 3 个县级市。

宜春市因"城侧有泉，莹媚如春，饮之宜人"而得名，汉高祖六年(公元前 201 年)建县，2000 年 8 月撤地设市，素有"江南佳丽之地，文物昌盛之邦"的美誉。宜春市留存的历史文化遗址有 4 503 处，樟树吴城文化遗址打破了商文化不过长江的论断。初唐四杰之一的王勃的《滕王阁序》中提到"物华天宝，人杰地灵"，其人、其事、其物皆典出宜春；唐代韩愈写下了"莫以宜春远，江山多胜游"

的诗句；明代《天工开物》的作者宋应星、现代物理学家吴有训、两届奥运会冠军杨文军均是宜春的代表。宜春境内景点众多，包括明月山温泉风景名胜区、三爪仑等。

1）一句口号带动三个细分行业

过去，大家知道宜宾，因为有五粮液；知道宜昌，因为有三峡。但知道宜春的人不多。2010 年 3 月，一句"一座叫春的城市"的宣传语，将这座千年古城推上了风口浪尖。一时间，媒体争相报道，各种非议扑面而来，更多网友站在道德的高度对此进行了谴责。尽管受到非议，宜春却因此为广大网友所熟知，特别是成为北上广深等一线和二线城市白领们茶余饭后的谈资。宜春数十万名在外打工或上班的青年，对本次话题的传播，也起到了助推作用。宜春火了，一场城市品牌传播与旅游营销的"大戏"由此拉开。

宜春火了之后应该怎么办？最重要的是要落实计划。于是，一句超级口号应运而生——"一年四季在宜春，赏月听禅泡温泉"。宜春是月亮之都、禅宗圣地、温泉之乡。这三个场景和三个超级项目——"赏月""听禅""泡温泉"——带动了当地三个细分行业和生态的大发展，共同支撑并打响了宜春的康养度假大文旅产业。在江西省及宜春市的共同努力下，通过近五年的努力，以及一系列的营销策划和运作推广，宜春旅游产业取得了骄人的成绩。赣西第一个 5A 景区——明月山已经获批，明月山机场及高铁站先后通航通车。

2）宜春联动新余、萍乡共同开发大武功山 IP

武功山位于江西省中西部,地跨宜春市、萍乡市和吉安市,是国家 5A 级旅游景区、国家级风景名胜区、国家森林公园、国家地质公园、国家自然遗产。但由于武功山地跨三市,属于较为特殊的行政区边界共生旅游产品,因而旅游产品的开发处处受到行政区界线的制约,严重影响了旅游产品整体效益的发挥和旅游品牌的树立。

在文旅 1.0 时代,由于缺乏"区域旅游""大旅游"的理念,各市之间统筹协调不力,一直缺乏有效的地域整合措施。大武功山彼时孤立地发展。三地主推的文化差异较大,宜春主推月亮文化,萍乡崇尚露营文化,吉安则突出祈福文化,存在较为明显的边界屏蔽效应。在这种背景下,宜春很难打出大武功山的品牌。因此,在文旅 1.0 阶段,先推动了大武功山的一段山脉——明月山的开发。在文旅 2.0 阶段,成立了宜春旅游集团,通过明月山带动宜春大文旅发展。

随着文旅经济从 1.0、2.0 走向 3.0、4.0,仅由宜春自身带动当地文旅发展已经不够了。江西省林业局受理了宜春、萍乡、吉安市政府的《武功山风景区总体规划(2021—2035)》,标志着武功山区域旅游合作开发已成为大趋势(见图 4 - 3)。要打响大武功山这个品牌,研究出一套具有可操作性的统一管理体制至关重要,让宜春、吉安、萍乡三市能够充分合作,联动开发大武功山资源,共同打造、共享大武功山品牌,围绕武功山发展康养文旅经济,实现"1+1+1>3"的目标。

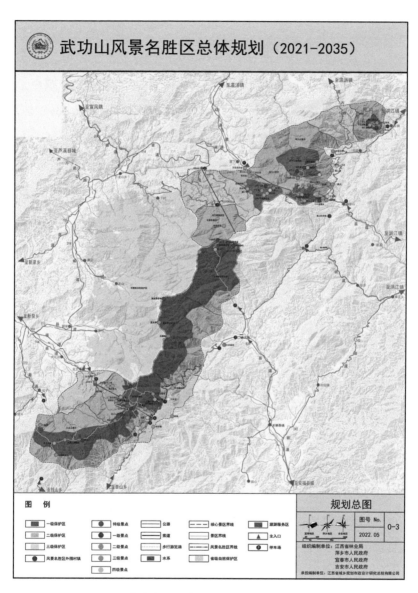

图 4 - 3 武功山风景名胜区总体规划（2021—2035）

4.4.5 上饶承接浙江产业转移

上饶古称广信、信州,是江西省辖地级市和长江中游城市群重要城市之一。截至 2021 年,上饶市下辖 3 个市辖区、8 个县,代管 1 个县级市,全市常住人口为 643.7 万人。上饶位于江西东北部,东连浙江,南挺福建,北接安徽,处于长江三角洲地区、海峡西岸经济区、鄱阳湖生态经济区交汇处,有"上乘富饶、生态之都""八方通衢""豫章第一门户"之称,是"中华陶器之源"的重要组成部分。

1) 中国浙商最佳投资城市

上饶近些年来在主要指标上一直处于赣州和九江以及宜春之后的位置。不同于九江的码头文化和赣州的赣南文化,上饶拥有独特的文化,它是连接闽浙两地的交通枢纽,融合了浓郁的江南文化、皖南文化和赣文化的特点。

上饶的地理位置非常优越。它位于闽浙皖赣四省的交会处:向东,一条峡谷直通浙江省,沿途经过衢州、金华、义乌、诸暨和杭州;向南穿过武夷山,可进入福建省,直达福州沿海;向北则是皖南胜境,黄山连绵不断。

上饶的地理优势可以转化为未来产业发展的优势。它与浙江省的距离很近,合作基础良好,是江西省唯一与浙江接壤的市域,因此在承接浙江产业转移方面具有很多不可比拟的优势和条件。同时,上饶也有利于承接福建产业的内迁。在承接产业转移方面,上饶是最有优势的地区之一,其发展前景非常广阔。在 2022 年世界浙商论坛城市投资峰会上,江西省上饶市玉山县被评为 2022 年度"浙商最佳投资城市"。据悉,截至 2022 年,已有 7 000 多名浙江人前来投资兴业,落户玉山的浙江企业已超过 1 500 家,涉及一、二、三产业的 30 多个行业,投资额超过 360 亿元,解决了 3 万多人的就业问题。2021 年,浙资企业工业税收占玉山县税收总额的七成以上。浙商为玉山和上饶经济发展作出了重要贡献,浙商企业已经成为上饶经济社会发展中不可或缺的重要力量。

江西上饶在承接产业转移方面已经聚焦于新能源汽车、数字经济、光伏等新兴产业,并且落户了一批知名企业。目前,上饶市数字经济企业已经接近 800 家,包括中科院云计算中心大数据研究院、华为云数据中心、滴滴出行客服中心等知名数字经济研究机构和企业。

2)从网红到长红——婺源

上饶是一个拥有众多名胜古迹的地方,在唐朝时就已经成为旅游胜地。历代官宦名流、文人墨客均留下了大量关于此地的观光游记、诗词歌赋。其境内有着丰富的山水景观、红色革命遗址和古代文化遗存。上饶市的仙人洞遗址出土的陶器距今已有两万年,是迄今为止世界上最早的陶器。

婺源是国内网络时代第一批网红旅游景区。从过去的"养在深闺人未识"到现在的"天下谁人不识君",它之所以能够火起来,是因为年轻人不再青睐那些成熟的景区,而更喜欢贴近原生态的旅行方式。白领阶层开始逃离喧嚣的大城市,寻找宁静的慰藉心灵的"世外桃源"。这些流行现象就如同特地为婺源量身打造一样,无与伦比的徽派建筑、烟雨朦胧的田园诗歌、层次错落的山村景色,无不打动着慕名而来的每一位游客,再加上网络时代,游客们在网络上口口相传,让它风靡一时。

婺源的地理位置具有很大的优势。它位于南京、苏州、上海、杭州、南昌、武汉这几个中心城市的最中间,而且距离最远的上海也只有 500 公里,近的只有 300 公里。这意味着婺源是以上城市半日之内就能到达的景点。这种旅程非常理想,既不会因太远而让人疲劳,也不会因太近而让人失去兴趣。因此,人们可以利用周末的时间,来一次说走就走的旅行。而长三角地区是中国经济最活跃、消费能力最强的地区之一。这一地区有旺盛的旅游需求,而婺源就是其旅游切入点。

现在的婺源全域旅游发展依然走在全国前列。要将网红景点打造成长红景点,需要着力推进生态观光游、康养度假游、文化体验游、非遗文创体验游、乡村农牧体验游等特色产品,推进景区和度假区、文旅产业园、特色小镇等建设,提升服务能力;建立"多样化、多层次、全方位"的旅游产品体系,满足游客休闲度假的体验要求。

江西自古以来都是强省,在经济上是国家命脉,在人文上是文化昌盛之都,在空间区位上是东南形胜之地,但存在感低。在中部六省省会城市中,除了山西太原以外,其他城市都已加入 GDP 万亿城市朋友圈,而南昌不够强,一直是江西存在感低的一大原因。江西发展战略从"一主两副"到"强省会"战略,强南昌的大方向始终不变,但南昌未能迅速强大起来,从而引领江西甚至中部城市的发展。

实际上,在过去两年中,强省会战略受到几乎所有省份的追捧。但是,根据各省份的不同发展模式,只有适合本省份的模式才能真正提升当地经济发展水平。虽然强南昌战略有许多优势,但也有一些天然的劣势。首先,江西整体被群山环绕,江河纵横,空间特征导致地理阻隔效应明显,发展相对封闭,单纯的强南昌无法带动全省经济发展。其次,南昌的 GDP 体量未能与同省的后面几个城市拉开明显差距,短期内无法形成引领作用。最后,南昌市政府致力于构建"4+4+X"新型产业体系,整体产业体量偏小,优势企业数量偏少;同时,其他地级市各有自身的特色优势产业,对其他城市的产业赋能有限。

在地理空间局限导致江西各城市难以实现全省产业模式一盘棋的情况下,仅仅强化南昌还不够,江西需要采取一种"一核多极"模式来整体推动全省经济发展。从近年来江西市域经济发展水平来看,赣鄱大地上开出的"五朵金花"分别是:中南昌、南赣州、北九江、西宜春、东上饶。其中,"环赣四极"各自的特点十分鲜明。在地理空间上,南赣州无缝对接粤港澳大湾区,北九江对接长江经济带,西宜春对接长株潭都市圈,东上饶对接苏浙沪。根据不同的对接区域,南北西东四市也绽放出了各自独具特色的精彩,最终形成四市拱卫之势,环绕着南昌这一发展核心。

数十年来,江西的城市格局随着时代的变迁不断变化。相信在全球视野、中国格局之下,江西定能将各种"环江西圈"破除殆尽,在不远的未来能够代表中部城市真正崛起。

（陆雪军　锦坤品牌咨询师）

第5章
中原古都再奏发展"交响曲"

这里有 GDP 突破万亿元、唯一的非副省级省会"国家中心城市",有占据重要历史地位的十三朝古都,也有因历史的选择而逐渐失去光辉的历史名城。中原古都的崛起,能给河南带来什么样的变化?

5.1 有历史温度的中原大地

河南省资源丰富,是全国农产品的主产区和重要的矿产资源大省;区位优越,是全国重要的交通通信枢纽和物资集散地;农业领先,是全国第一农业大省、第一粮食生产大省、第一粮食转化加工大省。

5.1.1 自然地理

河南省位于我国中东部、黄河中下游、黄淮海大平原的西南部,南北纵跨 550 余公里,东西横亘 580 余公里,周边与山东、安徽、湖北、陕西、山西和河北 6 省毗邻;总面积近 16.6 万平方公里,约占全国国土面积的 1.73%。河南省古代辖区位于黄河之南,故称河南;因居九州之中,又称"中州""中原";为九州之豫州,故简称为"豫"。

5.1.2 历史渊源

从夏朝到北宋,先后有 20 个朝代建都或迁都于河南,河南长期是全国政治、经济、文化中心。中国八大古都中有 4 个在河南,即九朝古都洛阳、七朝古都开封、殷商古都安阳、商都郑州(见图 5-1)。河南文物古迹众多,其地下文物和馆藏文物均居全国首位,有记载着人类祖先在中原大地繁衍生息的裴李岗文化遗址、仰韶文化遗址、龙山文化遗址;有"人祖"伏羲太昊陵、黄帝故里和轩辕丘;有最古老的天文台周公测景台;有历史上最早的关隘函谷关、最早的禅宗寺院白马寺;有"中国第一名刹"嵩山少林寺和闻名中外的相国寺;等等。河南省共有全国重点文物保护单位 189 处。洛阳龙门石窟和安阳殷墟分别被列入世界文化遗产名录。

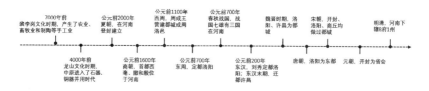

图 5-1 历史上的河南

河南地处黄河中下游,是我国古代文明的发祥地之一。七千年前的裴李岗文化时期,这里产生了农业、畜牧业和制陶等手工业;到了 4 000 年前的龙山文化中晚期,中原进入石器、铜器并用时代,产生了私有制和阶级的萌芽,进而出现了我国历史上第一个奴隶制国家——夏朝。此后,商朝的首都西亳、隞、殷均在今河南省境内。在安阳殷墟发现的甲骨文,是世界上最早的文字,也是世界上最早的历史文献。春秋战国时期,在政治和思想文化领域涌现出许多著名的政治家、哲学家。

秦王朝建立后,在今河南境内设置三川、南阳、颍川、河内、东郡和陈郡。此后的两汉时期,河南地区的经济和文化发展水平仍处于全国前列。东汉王朝建都洛阳,河南更是成了全国的政治、经济、文化中心。东汉之后形成三国鼎立局面,河南是四战之地。在三国以及两晋、南北朝时期,战乱连年,农业、手工业生产遭到严重破坏。直到 7 世纪初重建了统一的全国性政权——唐朝以后,中原才摆脱了长期战乱的局面。

从唐朝建立到北宋灭亡,河南的经济和文化发展达到鼎盛时期。隋朝末年,在洛阳建立了东都,又以洛阳为中心开凿了连通南北的大运河,促进了南方和北方的经济、文化交流。有唐一代,河南仍是一个人才荟萃之地。因为河南地位重要,经济又比较发达,所以五代都在河南地区建都立国。但在后来一段时期,长江以北战争不断,中原人民深受其害。到赵匡胤建起全国性的统一政权——北宋王朝后,中原人民才重新回到和平岁月。北宋建都开封,河南又一次成为全国的政治、经济和文化中心。当时开封人口超过 100 万人,为全国第一大城市,其商业贸易额约占全国的一半,各方面都盛极一时,可以说是河南历史的黄金时代。南宋以后,是河南社会历史发展的中衰时期。代宋而兴的元朝实行的行省制度,被明、清两朝沿袭下来,当时河南的区域大体上与今天的河南省相近。在此期间,河南的经济、文化越来越落后于江南和北方其他一些省区市。

5.1.3 发展格局

1）城市体系

河南是我国建制市较多的省份,全省有 17 个省辖市和 21 个县级市(含 1 个省直管县级市),共计 38 个城市。其城市分布的特点是中北部比较密集,而东南、西南则比较稀少(见图 5 - 2)。作为中原经济区的核心地带,已形成以省会郑州为中心,包括洛阳、开封、新乡、焦作、平顶山、许昌、漯河和济源等在内的中原城市群。这些城市既是河南重要的且门类较齐全的工业基地、区域政治经济中心、交通中心,也是旅游胜地,其经济总量约占全省的 63.7%。其中,郑州市的生产总值和财政收入约占全省的 18% 以上。

郑州是中国历史文化名城,国家重要的交通枢纽、信息枢纽,工业门类齐全的省会城市,也是中西部地区首个生产通航认证飞机的城市。开封古城风貌浓郁,北方水城独具特色。洛阳古都与新城东西相照,古代文化与现代文明相衬托,牡丹花誉满中外,国家级名牌工业品众多。曹魏古都许昌烟草、继电器、发制品闻名天下。新乡是开拓型城市,技术人才较密集,是郑洛新国家自主创新

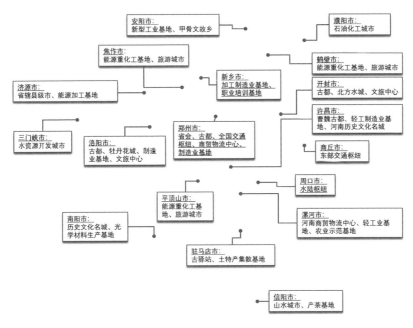

图 5-2　河南城市体系及主要功能

示范区的组成部分。焦作、鹤壁、平顶山都是因煤炭而兴起的城市。其中,平顶山综合实力最强,有河南省最大的煤企业——中国平煤神马能源化工集团,其产品之一——尼龙 66 帘子布生产规模居世界第一;而焦作和鹤壁则依托太行山独特的优势在旅游产业方面表现较突出。商丘、南阳、安阳、周口、信阳、驻马店都是历史上早已形成的区域中心城市。商丘已成为省域东部的交通枢纽。信阳市是山水相依的中国最美丽城市之一和十佳宜居城市、全国唯一的国家级茶叶市场所在地,也是河南唯一的具有南方风格城市。南阳是中国历史文化名城,是我国唯一地处亚热带的北方城市,是我国重要的光学仪器、化学感光材料的生产基地。周口成为连接河南与东部省市的重要水陆交通和经济中心,是河南省唯一的内河航道通航城市。古驿站驻马店是豫中南土特产重要的集散地和工业发展较快的新兴城市。古都安阳已成为豫北重要的以冶金和电子及装备制造业为主导的新型工业基地,出产安彩高端玻璃、带肋钢筋、球墨铸管等名牌产品,又是甲骨文的故乡、"周易"的发源地。因工矿业发展而形成的主要城市还有以煤炭业为中心的义马、新密、永城,以油田开发而兴建的石油化工重镇濮阳市,以钢铁工业而发展起来的舞钢市和济源市。因水资源开发而兴建的三门峡市,有河南省唯一的国家城市湿地公园——天鹅湖湿地公园。

2) 经济水平

河南是农业大省,近几年全省粮食生产能力基本稳定在5 000万吨以上,约占全国的1/10,其中夏粮产量约占河南全年粮产量的1/4。2022年,河南粮食总产量达到6 789.37万吨,比上年增长3.7%。河南也是全国畜牧业强省之一,其畜牧业产值约占全省农业总产值的35%以上。河南还是资源工业大省,不少工业产品产量居全国首位或前列,如氧化铝、煤炭、黄金等。2022年,河南省地区生产总值为61 345.05亿元,比上年增长3.1%。其中,第一产业增加值为5 817.78亿元,增长了4.8%;第二产业增加值为25 465.04亿元,增长了4.1%;第三产业增加值为30 062.23亿元,增长了2.0%;三次产业结构为9.5∶41.5∶49.0。2022年,河南省人均地区生产总值为 62 106 元,比上年增长了 3.5%①。河南省的 GDP 和其他一些主要经济指标居中西部地区首位,具备了较强的经济实力。全省城镇化率达到 57% 以上。中原经济区规划的实施,国家自主创新示范区的建立、中原城市群的崛起、县域经济的快速增长,为河南省经济全面发展打下了良好的基础。

　　近年来,由于历史、政策原因,河南省内城市的发展差异逐渐扩大,经济发展头部效应明显(见图 5-3)。其中,首位城市郑州与洛阳的经济规模由 2010 年的 1.74∶1 扩大至 2020 年的 2.34∶1。与之产生明显差别的是,郑州的人均 GDP 并未与洛阳拉开差距,保持着基本平衡的趋势(见图 5-4)。

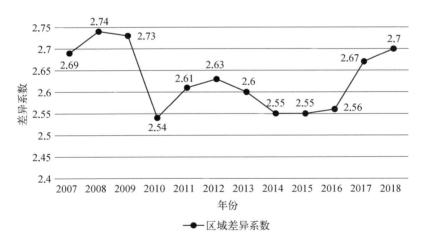

图 5-3　河南省区域差异系数

资料来源: 张长星.新时代河南区域协调发展研究[M].北京: 中国经济出版社,2020.

———————

① 　数据来源: 河南省统计局.

图 5-4 郑州市经济首位度

资料来源：河南省统计年鉴，数据为郑州与洛阳的比值。

3）人口规模

2021年，河南省人口抽样调查结果显示，全省2021年年末常住人口为9 883.0万人，比2020年年末减少了58.0万人。2021年，河南省常住人口约占全国总人口的7.0%，排在广东省和山东省之后，居全国第3位。河南多数省辖市2021年常住人口较上年有所减少，在17个省辖市及济源示范区中，有11个常住人口减少，5个常住人口增加，2个常住人口与上年持平（见表5-1）。在增加的地区中，郑州市增长最多，常住人口达到1 274.2万人，比2020年增加了12.5万人；在减少的地区中，周口市减少最多，其常住人口为885.3万人，比2020年减少了16.6万人。

河南省常住人口的减少主要有两个原因：一是自增人口减少，2021年全省自增人口为6.3万人，比2020年的20.8万人减少了 14.5 万人;二是流出人口增加,2021 年随着全国疫情好转,出省人口大量增加,全年新增出省人口 64.3 万人。

表 5 - 1 2020—2021 年河南省常住人口变动量

地 区	2021 年常住人口/万人	2020 年常住人口/万人	变动量/万人
河南省	9 883.0	9 941.0	−58.0
郑州市	**1 274.2**	**1 261.7**	**12.5**
开封市	478.3	4 835	−5.2
洛阳市	**706.9**	**705.9**	**1.0**
平顶山市	496.8	498.8	−2.0
安阳市	542.3	547.6	−5.3
鹤壁市	157.2	156.8	0.4
新乡市	617.1	625.5	−8.4
焦作市	352.3	352.4	−0.1
濮阳市	374.4	377.4	−3.0
许昌市	438.2	438.2	0.0
漯河市	237.2	237.2	0.0
三门峡市	203.8	203.5	0.3
南阳市	962.9	971.5	−8.6
商丘市	772.3	781.9	−9.6

续 表

地 区	2021 年常住人口/万人	2020 年常住人口/万人	变动量/万人
信阳市	618.6	623.7	−5.1
周口市	885.3	901.9	−16.6
驻马店市	692.2	700.7	−8.5
济源示范区	73.0	72.9	0.1

资料来源：本课题组成员根据相关资料整理。

4）产业发展

河南处在城镇化的中后期阶段,各城市发展差异较大,呈现一产整体偏高、二产区域分化、三产占比偏低的产业结构特点（见图 5-5）。目前,河南已初步建成门类比较齐全的工业体系,能源、原材料工业、食品、纺织工业及机械工业在全国占有重要位置。近年来,资源型工业在河南整体工业中所占比重在降低。2022年,河南的冶金、建材、化学、轻纺、能源等传统支柱产业增长了47%,五大主导产业增加值增长了 5.4%,高技术产业增长了12.3%。河南主要工业品产品包括原煤、原油、发电量、水泥、农用化肥、平板玻璃、小型拖拉机、棉纱、布、卷烟、有色金属加工业等,其中铝、铅、白银的产量均列全国首位。河南能源工业主要分布在京广铁路以西,有色金属冶金工业主要分布在郑州以西区域,钢铁工业分布在安阳和舞阳。机械制造业是河南最大的工业部门,其中农机制造业分布在洛阳、郑州、开封、许昌等市,矿山机械分布在洛阳、郑州、焦作等市,纺织机械、器材的生产分布在郑州、开封。安阳的自行车、新乡的电冰箱在全国有一定影响。化学工业遍布全省,河南的化肥生产量居全国第 4 位,开封是河南最大的硫酸、硝酸生产基地。河南纺织工业的棉纱和布生产量分别居全国第 6 位和第 7 位,主要分布在郑州市。河南的食品工业和饲料工业发展较快,已形成 20 余个行业,其面粉加工能力居全国第一,肉类精深加工和油脂加工能力均居全国前列。河南的卷烟工业产量居全国第 2 位,分布在郑州、新郑等地①。

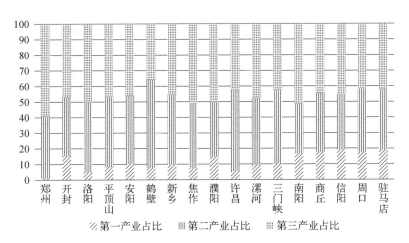

图 5 - 5　2022 年河南各市产业结构
资料来源:河南省统计年鉴。

---

① 　资料来源:河南省人民政府网站.河南省经济概况[EB/OL].(2023 - 03 - 23)[2023 - 09 - 30].https://www.henan.gov.cn/2023/03 - 23/2712571.html.

5）科技水平

河南省 2022 年国民经济和社会发展公报显示，2021 年年底，河南共有省级以上企业技术中心 1 315 个，其中国家级企业技术中心有 99 个；省级以上工程研究中心（工程实验室）有 1 082 个，其中国家级工程研究中心有 49 个；省级以上工程技术研究中心有 2 882 个；省重点实验室有 242 个，国家级重点实验室有 16 个；重大新型研发机构有 16 家；高新技术企业有 8 387 家；科技型中小企业有 15 145 家；新建省实验室 3 家、省中试基地 8 家、省产业研究院 10 家、省技术创新中心 23 家；获得省级科学技术奖 297 项（人）；全年专利授权量达到 158 038 件。截至 2020 年年末，河南省的有效发明专利 55 749 件，2020 年技术合同成交金额达 608.89 亿元，较上年增长 58.4%。

2022 年年末，河南省共有计量技术机构 322 家，检验检测机构 3 460 家，认证机构 18 家。全年新建计量标准 117 项，强制检定计量器具 580 万台件，制修订省地方标准 204 项。年末共有天气雷达站 12 个，自动气象站 2 772 个；地震观测站 132 个，地震观测站网 17 个①。

5.2 从大省会到古都双核

作为河南的两大核心城市，郑州和洛阳的定位与国家及区

---

① 资料来源：河南省人民政府网站.河南省科技概况［EB/OL］.（2023 - 03 - 27）［2023 - 09 - 30］.https://www.henan.gov.cn/2023/03 - 27/2714258.html.

域发展战略息息相关。新中国成立后,苏联援建我国开展的 156
项工程有 6 项落地洛阳,第一拖拉机厂、矿山机器厂等项目奠定
了洛阳的工业重镇基础。1954 年,河南省政府由开封迁往郑州,
在政策的加持下,一个新的增长极诞生了。"三线建设"推动了
郑州、洛阳这两座京广、陇海沿线城市的振兴,成为河南及中部
地区崛起的重要力量。改革开放后,在区域协作及技术合作的
助力下,河南逐渐形成了区域协作的格局,郑州和洛阳成为该格
局下的重要支点。

5.2.1　中原城市群战略凸显郑州中心城市地位

将郑州作为河南发展引擎的定位始于 20 世纪的最后一个
五年计划,城市群的发展模式催生了对增长极的需要。1996 年
通过的《河南省国民经济和社会发展"九五"计划和 2010 年远景
目标纲要》强调,加快以郑州为中心的中原城市群的发展步伐,
在全省经济振兴中发挥带动作用。通过郑州商贸城的建设,使
之成为有较强吸引力、辐射力的经济中心城市,在全省发挥龙头
作用[1]。"九五"期间的洛阳和濮阳、南阳、焦作、安阳等 9 个城市
一样,仅仅是在全省经济振兴中发挥骨干作用的九大工业基地
之一。

---

[1]　河南省人民政府关于印发《河南省国民经济和社会发展"九五"计划和 2010 年远景目标
纲要》的通知[J].河南政报,1996(6):15.

5.2.2 多个副中心共同推动下的中原城市群

2001 年,《河南省国民经济和社会发展第十个五年计划纲要》进一步强调了郑州作为中原城市群的中心城市的定位,同时确定洛阳和开封两大古都作为中原城市的重要支撑。除了作为河南重要的工业城市,此时的洛阳也与郑州及开封组成了沿黄旅游带,组合发展河南的旅游支柱产业①。2003 年,《河南省全面建设小康社会规划纲要》提出了实施中心城市、中心城镇带动的城市发展布局,将河南省划分为中原城市群、豫北地区、豫西豫西南地区和黄淮地区四个经济区。该纲要强调将郑州建设为中原城市群经济隆起带中心及国家区域性中心城市的目标。洛阳和开封、新乡、焦作、许昌、平顶山、漯河及济源等城市构成城市密集区。2006 年,《中原城市群总体发展规划纲要》建设性地提出了中原城市群城市体系基本架构:构建以郑州为中心、洛阳为副中心,其他省辖市为支撑,大中小城市相协调,功能明晰、组合有序的城市体系。

5.2.3 古都双核成为河南省发展的重要动力

近年来,郑州和洛阳双驱模式在全国及河南多个区域发展战

---

① 河南省人民政府关于印发《河南省国民经济和社会发展第十个五年计划纲要》的通知[J]. 河南政报,2001(4):22-38.

略中被提出,包括中原城市群、郑洛新国家自主创新示范区、河南自贸区等概念。2012 年,国务院批复《中原经济区规划》,将河南全域纳入规划范围,提出促进以郑州和洛阳等城市组成的核心区域融合发展,在突出郑州区域中心定位的同时,也扩大了郑州和洛阳的辐射影响力。2016 年,《河南省国民经济和社会发展第十三个五年规划纲要》提出构建"一极三圈八轴带"的空间格局,在强化核心郑州的同时,也强调了巩固提升洛阳中原城市群副中心的地位①。回顾历史,郑州能成为河南的增长极与它解放后的铁路枢纽定位密不可分。2017 年,国务院印发《"十三五"现代综合交通运输体系发展规划》,确定洛阳为全国性交通枢纽城市,这为洛阳的复兴提供了重大机遇。《2020 年河南省黄河流域生态保护和高质量发展工作要点》首次使用"双引擎",一方面兼顾"治"与"建",建好黄河生态保护示范区;另一方面突出"魂"与"源",建好黄河历史文化主地标。两者协同发力,共同建好国家高质量发展区域增长极。2021 年,国家发展改革委公布了国务院批复的《"十四五"特殊类型地区振兴发展规划》,明确提出,支持洛阳等地建设省域副中心城市,支持洛阳产业转型升级示范区建设。2022 年出台的《河南省新型城镇化规划(2021—2035 年)》提出构建一主两副、四区协同、多点支撑的发展格局,在强化郑州国家中心城市

---

① 河南省国民经济和社会发展第十三个五年规划纲要[EB/OL].(2016 - 04 - 27)[2023 - 08 -20].http://m.henan.gov.cn/2016/04 - 27/239447.html.

龙头引领作用的同时,通过融合洛阳副中心,推动都市圈的扩容提质,进而带动全省发展。至此,"一主一副"的双核定位基本形成,这将是未来中原大省崛起的重要动力。

5.3 火车拉来的中原大城

中国八大古都,河南独占四席,郑州是其中之一。郑州地处中华腹地,史称"天地之中",古称商都,今为绿城,是中国历史文化名城、中国优秀旅游城市、国家卫生城市、国家园林城市、全国绿化模范城市、全国科技进步先进市、全国双拥模范城市、全国文明城市。虽不及开封、洛阳在历史上的地位,但郑州也曾五次为都、八代为州,是世界历史城市联盟成员。5 000 年前,人文始祖轩辕黄帝在此出生、创业和建都。郑州有各类文物古迹 10 000 余处,其中,国家级重点文物保护单位有 38 处 43 项。登封"天地之中"历史建筑群、黄帝故里、商城遗址等历史名胜古迹闻名海内外。

5.3.1 火车拉来的交通枢纽

提起河南,大家一定会先想到洛阳和开封。其中,作为在河南境内与郑州同为黄河沿岸城市的开封,数千年来都是黄河中下游的核心城市,也是河南乃至中国的政治、经济和文化中心。历史上的偶然性事件往往可以改变一座城市的地位。甲午中日战争后,晚清政府由湖广总督张之洞统筹修建中国第一条铁路,自北京至汉口。在河南境内黄河大桥选址时,考虑到地形因素,郑州取代了开封。1905 年,郑州黄河大桥建成;1906 年,京汉铁路通车。郑州成为这一贯穿南北线路的重要节点。同一时期,作为京汉铁路的支线,由郑州分别向东西两边同时修建的汴洛铁路通车,将洛阳、郑州及开封连成一线。解放后,以汴洛铁路为基础,著名的贯穿我国东西的陇海铁路建成通车,郑州早早地成为拥有"十字"形铁路线路的枢纽城市。

经济学中有一个虹吸效应的概念。作为洛阳与开封两大古都中间的城市,在百废待兴的新中国成立初期,郑州极有可能成为身边两座城市竞相瓜分的腹地。1954 年,河南省政府由洛阳迁往郑州,加上陇海和京汉两条干线的交会,郑州迎来了重要的历史机遇。铁路"拉走"了开封可能的复兴,也带来了郑州可见的崛起,郑州一跃成为全国的重要交通枢纽。

经过 60 多年的发展,郑州已成为全国重要的铁路、航空、高速公路、电力、邮政电信主枢纽城市,是全国 12 个最高等级的国际性综合交通枢纽之一,也是全国普通铁路和高速铁路网中唯一的"双十字"中心。2020 年 6 月,随着郑渝高铁全线开通、济郑高铁濮郑段开通运营,全国首个"米"字形高铁枢纽在郑州成型;郑州新郑国际机场开通了国内外客货航线 143 条,覆盖了除非洲、南美洲以外的全球主要经济体,1.5 小时航程可覆盖国内 2/3 的主要城市。郑州是国家首批跨境电子贸易试点城市和国家级互联网骨干直联点城市,随着郑州航空港实验区建设上升为国家战略,郑欧班列常态化运行,跨境贸易电子商务试点的加快实施,以及肉类、药品、汽车等各类口岸及国际陆港功能的不断完善,郑州的交通物流优势更加凸显。2010年2月,住房和城乡建设部发布的《全国城镇体系规划(2010—2020年)》明确提出五大国家中心城市(北京、天津、上海、广州、重庆)的规划和定位;2016年5月至2018年2月,国家发展和改革委员会及住房和城乡建设部先后发函支持成都、武汉、郑州、西安建设国家中心城市。九大国家中心城市的定位都是国际性综合交通枢纽。郑州是唯一一个非副省级城市以上的地级市,郑州的这一定位将引领中原发展,支撑中部崛起。

5.3.2 背靠腹地的中原大城

郑州背靠河南这个巨大的经济腹地,是超级大省的省会,河南的常住人口接近1亿人。世界上人口超过1亿人的国家也只有13个,而在欧洲,除了俄罗斯还没有哪个国家的人口超过1亿人。河南省第七次人口普查数据显示,郑州以1 260.1万人的常住人口数量,位居全国城市第10位,位居中部地区第1位。作为建设中的国家中心城市,郑州市仍然是河南省内流入人口最多的城市,吸纳其他地区流入人口368万人。整体来看,郑州是河南省唯二的人口净流入省辖市,净流入人口达354万人,位居全国城市第5位,流入人口占其常住人口的28.1%。虽然河南整体人口外流,但是在强省会战略部署下,郑州依然拥有绝对优势。无论是从人口红利还是城市活力来看,郑州发展后劲十足。虽然河南人口众多,但人口转化为人力资源仍然是一个难题。以博士生为例,河南是教育大省,但不是教育强省;河南的高校数量居全国第 4 位,但全国知名的高等学府和科研院所非常少,全省有博士学位授予资格的高校仅 9 所,全省博士生毕业人数每年只有 300 多人,仅占全国的 0.5% 左右。由于缺乏名校,每年全省的高分考生通过高考等形式纷纷外流,且回流乏力①。有学者认为,郑州的高层次科研机构较少,人才发展平台不多,吸引人才的配套政策不够完善。郑州出台的"智汇郑州"政策更多围绕人才落户和待遇方面,缺少对子女入学、社会保障等方面的关注②。这一问题值得大家重视。

作为中原地区的农业大省与粮仓,河南的 GDP 在中国名列前茅。2022 年国家统计年鉴数据显示,河南的 GDP 达到 61 345 万亿元,仅次于广东、江苏、山东和浙江,位居全国第 5 名。虽然目前郑州在河南的经济首位度还相对较低,但在不远的将来,随着郑汴一体化、郑许一体化、郑新一体以及郑州都市圈战略的不断深入发展,以大都市区形式发展的郑州将会大幅提升其在河南及中原的影响力。

作为全国重点交通枢纽城市,高铁的发展也必定会带动郑州同一沿线的河南城市的发展。东西方向上的三门峡、洛阳、开封、

---

① 李克锋.郑州国家中心城市建设支撑力研究[J].安阳工学院学报,2021,20(1): 55 - 58.
② 张赫.郑州市人才政策研究:以"智汇郑州"人才工程为例[D].郑州:郑州大学, 2018.

商丘,南北方向上的安阳、新乡、许昌等重要城市,都在郑州交会。在更大范围内,安徽西北、山东西南也都会受到其辐射或吸引,更多的人力资本和资源要素可能汇聚于郑州,形成巨大的市场。

5.3.3 正在崛起的工业城市

郑州是中部地区重要的工业城市,以汽车及装备制造、电子信息、食品、纺织服装等优势产业为主的工业体系已初步形成,拥有富士康电子、格力电器、宇通客车等知名企业。郑州销售收入超百亿元的企业有 11 家,其中超千亿元的企业有 1 家。辖区有上市公司 37 家,中国 500 强企业 4 家,世界 500 强在郑投资或设立办事处的有 84 家。航空港产业集聚区成为全省第一个千亿级产业园区。经过多年的发展,郑州逐渐形成了汽车、煤电铝、食品、专用设备、纺织工业等五大传统产业链,尤其是煤炭、电解铝、水泥等,曾被视为郑州领跑 GDP 的行业。中铝、郑煤集团等企业都是当年的老牌国企。不过在大力倡导环保的新形势下,这些高耗能、高污染企业如何进行产业升级,也是郑州面临的一大问题。

郑州是全国著名的现代化商贸城市。成立于 1990 年 10 月 12 日的郑州商品交易所,是经国务院批准成立的国内首家期货市场试点单位。"郑州价格"一直是世界粮食生产和流通的指导价格。郑州素有中国"流动展摇篮"之美誉,是中国十大品牌会展城市之一。为配合现代商贸城市的发展,郑东新区金融集聚核心功能区正在加快建设,郑州新郑综合保税区是中部地区第一个综合保税区,郑州航空港实验区是全国首个上升为国家战略的航空港经济发展先行区。

5.4　影响未来人口集聚的牡丹花城

　　洛阳位于河南西部、黄河中游,因地处洛河之阳而得名,是国务院首批公布的历史文化名城和著名古都,省域副中心城市,也是中部地区重要的工业城市。洛阳下辖 1 市 8 县 6 区,1 个正厅级规格的洛阳新区、1 个国家级高新技术开发区、1 个国家级经济技术开发区、2 个省级开发区、17 个省级产业集聚区。洛阳总面积达 1.52 万平方公里,其中市区面积为 803 平方公里;总人口达 696.23 万人,其中市区人口为 195.52 万人。洛阳作为华夏文明的重要发祥地、丝绸之路的东方起点,历史上先后有 13 个王朝在此建都,是我国建都最早、历时最长、朝代最多的都城,曾经为全国政治、经济、文化中心。如今,作为副中心城市,洛阳在中部地区非省会城市中 GDP 仍然排名第一,洛阳地铁的建设在中西部地区非省会城市也属首创。

5.4.1　中西部非省会城市的龙头

　　2021 年,洛阳以 5 447.1 亿元的 GDP 位居中西部非省会城市首位,排在榆林、襄阳及宜昌等城市之前。作为国家重点建设的老牌工业城市,"一五"时期全国 156 项重点工程有 7 项落地洛阳,工业对其经济增长的贡献率达到 70% 左右。洛阳现已形成装备制造、有色金属、能源电力、石油化工、硅光伏及光电等五大优势产业,新能源、节能环保、生物医药、新一代信息技术、新能源汽车等五大战略性新兴产业蓬勃发展。洛阳石化、中信重工、一拖集团、中铝洛铜、中硅高科、万基控股、伊川电力等众多具有较强市场竞争力的大型企业集团都在洛阳落地。惠普、中兴、中移动(洛阳)呼叫中心、平安保险数据中心等一大批高端服务业项目也已落户洛阳。正是在这些大型重工业的支撑下,最近几年在全国被高度关注的大国重器的研发和生产,很多都直接与洛阳相关。例如,中信重工以兆吨计算的大型拉伸机,2020年生产研发的防疫消毒机器人,还有类似的消防机器人,以及洛阳一拖研发的全球唯一的5G控制无人驾驶的拖拉机,这几年皆有重要影响,为社会所关注。洛阳称得上是一座工业基础雄厚、科技实力突出的现代化工业城市。

洛阳也是一座基础设施完善、功能齐全的城市。在基础设施方面,洛阳自古为"九州腹地、十省通衢",具有承东启西、纵贯南北的区位优势,是我国中西部地区重要的交通枢纽。虽然郑州抢占了河南的节点地位,陇海、焦枝等两大铁路干线,郑西高铁、连霍、二广、郑少洛、郑卢、洛栾、西南环城等高速公路与 207、310、311、312 等国道依然汇聚于此,交织成网。洛阳机场是国内净空条件最好的二级机场,辟有至北京、上海、广州、深圳、杭州、南昌等 15 个城市的直达航线,开通了至中国香港和日本的包机。值得称道的是,洛阳是中西部唯一一座建有地铁的非省会城市,足见其基础设施建设的水平。

在自然禀赋方面,洛阳资源富集,境内已探明矿产资源 76 种,其中,钼矿储量居全国首位,为世界三大钼矿之一;黄金产量居全国第 3 位。洛阳是河南省重要的电力能源基地,其总装机容量占河南省的 1/5;管道天然气已延伸至县域和产业聚集区;水资源总量达 28 亿立方米,是北方地区少有的富水城市。洛阳城市综合功能完善,是中西部地区重要的物流节点城市,现有一类航空口岸、二类铁路和公路口岸,边防检查、口岸查验、检疫机构齐全,综合保税区正在筹建之中,是豫西地区出入境旅客集散中心和集装箱进出口集散中心。洛阳新区规划面积达 518 平方公里,核心区基础路网、配套设施、产业发展等功能基本完备。

在科创方面,古都洛阳可圈可点。作为全国重要的科技研发基地和国家新材料高技术产业基地,洛阳现有部省级科研院所 14 家,国家级重点实验室 5 个、工程实验室 3 个,国家级企业技术中心 12 个、工程(技术)研究中心 3 个,各类研发机构 635 家;两院院士 5 名,专业技术人员 17 万余人,其科技人才密度高于全国、全省平均水平,在新材料、航空航天、电子信息等高科技领域居全国先进水平,高速铁路、载人航天、蛟龙号载人潜水器等一大批国家重点工程中都有"洛阳制造"和"洛阳技术"的身影。

5.4.2 历史名气大于现实的古都

洛阳是一座底蕴深厚、名重古今的历史文化圣城,是国务院首批公布的 24 座历史文化名城之一。其"世界圣城、丝路起点、千年帝都、牡丹花城"等称谓享誉四海。丝绸之路与隋唐大运河在此交汇,洛阳成为陆海丝路的双向起点。

沿洛河一字排开的夏都二里头、偃师商城、东周王城、汉魏故城、隋唐洛阳城五大都城遗址举世罕见。洛阳现有全国文物保护单位 43 处,馆藏文物 40 余万件。洛阳是河洛文化的发祥地、儒学的奠基地、道学的产生地、佛学的首传地、玄学的形成地、理学的渊源地,各类文化思想在此相融共生。以"河图洛书"为代表的河洛文化是海内外炎黄子孙的祖根文源。洛阳还是全球华人的文化之根、祖脉所系,全球 1 亿客家人祖籍源于此,中国 70% 的宗族大姓起源于此。作为丝绸之路的东方起点和隋唐大运河的中心,洛阳先后有 6 次进入世界大城市之列。

洛阳也是一座风光秀美、独具魅力的优秀旅游名城。虽然综合发展不比当年,但由于丰富的历史及文化资源,洛阳在旅游业方面发展得如火如荼(见表 5 - 2 和表 5 - 3)。对比省内"老大"郑州,2019 年洛阳接待国内外游客的数量达到 1.4 亿人次,高于到郑州旅游的 1.3 亿人次。我们知道,郑州是我国的铁路交通枢纽,新郑机场的航线比洛阳北郊机场多,每年的旅游吞吐量比洛阳大,洛阳依然能获得这样的成绩,足见其在文化旅游方面的优势。洛阳现有 5A 级景区 5 家、4A 级景区 12 家、3A 级景区 16 家,各种打卡去处比比皆是。"北方千岛湖"黄河小浪底风景旅游区、世界地质公园黛眉山、国家森林公园白云山、"北国第一溶洞"鸡冠洞、"山岳经典·十里画屏"老君山、"北国水乡"重渡沟,以及龙峪湾、天池山、西泰山、神灵寨等风景名胜,兼具南北风光之神韵。洛阳市区及周边分布着周山、龙门山、小浪底、上清宫等四大森林公园和隋唐城遗址公园,伊、洛、瀍、涧、黄五条河流纵横其间,长达20余公里的洛浦公园穿城而过。洛阳牡丹始植于隋,盛于唐,甲天下于宋,雍容华贵,国色天香,已有1 500多年的栽培史,形成了9个色系、10种花型、1 200多个品种。一年一度的牡丹文化节已经成为蜚声中外的国家级文化盛会,跻身全国四大名会之一,入选国家非物质文化遗产名录,成为洛阳扩大对外开放、展示城市形象的重要平台。洛阳也因此得名"中国牡丹花都"。

表5-2   2016—2020年洛阳文化产业增长情况

年　　份	文化产业增加值/亿元	占比/%
2016	93.31	2.45
2017	11.60	2.60
2018	215.42	4.69
2019	226.85	4.54
2020	246	4.84

资料来源:杨菲雪.洛阳文化产业发展的问题和对策研究[J].洛阳理工学院学报(社会科学版),2022,37(3):61-65.

表 5 - 3   2015—2019 年洛阳与河南省文化产业增长对比

年份	洛阳文化产业增加值 GDP 占比/%	河南省文化产业增加值 GDP 占比/%
2015	2.61	3
2016	2.45	3
2017	2.60	3.01
2018	4.69	4.29
2019	4.54	4.19

资料来源: 杨菲雪.洛阳文化产业发展的问题和对策研究[J].洛阳理工学院学报(社会科学版),2022,37(3): 61 - 65.

　　然而,更多的国人可能只知道历史上的洛阳,它的名气在文艺节目、电视剧、史书、诗歌中,甚至在游戏中反复出现,而在现实中的影响力却不尽如人意。其引以为傲的文化资源在产业发展中的地位并不突出①。洛阳的最大优势在于文化,曾经的战争及产业选择致使它的优势不复存在。洛阳市社科院的杨菲雪研究员将洛阳的文化资源总结为"两多两少一高一低",即地下文化资源多、地上文化资源少,无形文化资源多、有形文化资源少,文化资源历史价值高、转化率低。

---

① 杨菲雪.洛阳文化产业发展的问题和对策研究[J].洛阳理工学院学报(社会科学版),2022,37(3): 61 - 65.

　　近年来,随着网络经济的发展,洛阳的一批文旅产品开始逐渐爆红。从《唐宫夜宴》到《洛神水赋》再到《龙门金刚》,古都洛阳在一次次文化输出中频频"出圈"。这些现象皆表明,洛阳正依托其厚重的历史文化资源,逐渐回归大众视野。我们发现,古都、牡丹、龙门石窟、旅游、历史等关键词成为媒体与社会提起洛阳的关注点,这些生动丰富的文化符号让越来越多的国民心向往之(见图5-6)。当然,如何充分挖掘并发挥洛阳的文化优势,是我们需要共同解决的课题。

图 5-6　关于洛阳搜索的热词

注:课题组成员通过百度搜索,并经过词云分析绘制。

5.4.3 生态资源丰富的北方"水城"

洛阳是一座生态环境良好的宜居宜业之城。境内山水相间、环境优美，是北方少有的多山富水城市，其森林覆盖率达46%，荣获国家园林城市、国家森林城市的称号。"洛阳牡丹甲天下，花开时节动京城。"洛阳牡丹节已举行将近40届，每年这个季节各地游客蜂拥而至。

洛阳是北方少有的水资源丰富的城市。众所周知，重工业对水的需求巨大。以钢铁工业为例，当年宝钢为落户上海，首先建设宝钢长江引水工程，当时的宝钢一期每天需要消耗18万吨新水和400万吨循环冷却水。曾经的"一五"计划能有7个大项目落户洛阳，与洛阳丰富的水资源不无关系。2019年洛阳水资源统计公报显示，洛阳市水资源总量为20.276 2亿立方米，而郑州的水资源总量为6.319 9亿立方米。因此，从水资源总量来看，洛阳远远大于郑州。

河南省社科院原院长将洛阳的生态优势概括为三点。一是大河。大家都知道，洛阳境内有伊河和洛河。伊河现在正常流动的水，常年保持国家二级标准，国家二级标准是可以直接饮用的。"南水北调"中线向北京调的水就是国家二级标准。在当今中国工业污染相对比较严重的情况下，在洛阳境内还有这么好的水，确实难得。实际上，按照水利部黄河水利委员会提供的数据，整个伊河和洛河的入黄河口，水的携沙量一直是最少的，它的入黄河口处在每年 5 月 3 日会形成阴阳八卦的形状。二是大山。洛阳南部的伏牛山,森林覆盖率非常高,像栾川县,森林覆盖率达到 82.7%,负氧离子浓度常年平均每立方厘米 5 000 多个,按照国际标准每立方厘米 1 000 个以上就是清洁空气,说明伏牛山的生态环境非常好。三是大坝。我们都知道,洛阳境内的小浪底大坝,把黄河防洪标准提高到千年一遇。千年一遇就意味着小浪底大坝修成之后黄河下游断流的问题就彻底解决了。自从小浪底投用之后,黄河小浪底以下水沙条件每年都在改善,每年 6 月初有大规模的冲沙过程,到山东境内看,有些河段河面已经下降 1.1 米左右。从这个角度看,小浪底大坝对整个黄河流域下游的生态环境改善贡献特别大。

5.4.4　影响人才集聚的未来节点

洛阳是近些年河南省内除郑州外人口净流入最显著的城市。洛阳周边贫困县人口外流趋势明显,在大量郊县人口流失的情况下,还能做到总体有净流入,体现了洛阳吸引外来人口的重要作用。从省域范围来看,洛阳南边的南阳和驻马店,近年人口呈现明显的流失。在郑州市还未形成足够大的集聚力量阶段,只有依靠洛阳这一西南的支点来吸纳河南的部分人口,才能保证人口大省的人才集聚(见图 5 - 7)。在这个人口规模达到近 1 亿人的省份中,一城独大的强省会战略无法兼顾集聚与辐射的功能,洛阳作为双核引擎的另一极,将承担起集聚省内资源、辐射西南腹地的重要功能。

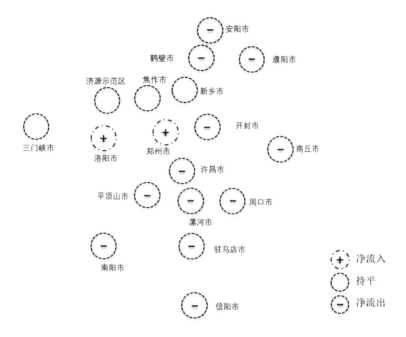

图 5－7　近几年河南城市人口流出情况

5.5　古城的微光

交响乐既有华彩的旋律，也有沉寂的乐章。正如中华民族的兴衰更替，曾经贵为都城的安阳与开封，也因历史的选择或偶然的事件，淡出了主舞台，闪耀着微弱的光芒。

5.5.1　钢铁支撑的豫北古城

位于河南最北部的安阳，西依太行山与山西接壤，北隔漳河与河北省邯郸市相望,东与濮阳市毗邻,南与鹤壁、新乡连接。作为中国的八大古都之一,安阳是国家级历史文化名城,是甲骨文的故乡、《周易》的发源地,也因殷墟遗址、岳飞庙及红旗渠而闻名。由于国家战略及产业结构的调整,安阳逐渐失去了曾经的工业基地的重要地位。古城不复往日的辉煌,但仍在为推动城市发展而努力着,为中原大地贡献着自身的力量。

1）安阳钢铁走出去战略

提到安阳,除去历史故事,大家最先想到的也许是安阳钢铁。安钢集团自从诞生之日起便与安阳市有着千丝万缕的关系。安阳市为安钢集团的成立发展提供了足够的场地、原料和人力,安钢集团也为安阳市提供了大量的就业岗位和税收,两者互相成就。历史故事增添了安阳的厚重,钢铁产业支撑起了安阳发展的命脉。2022 年 9 月 6 日,在中国企业联合会、中国企业家协会发布的各项榜单中,安钢集团同时上榜 2022 年中国企业、中国制造业 500 强。安钢位列"2022 中国企业 500 强"的第 312 位,较上年排名上升 77 位;位列"2022 中国制造业企业 500 强"的第 144 位,较上年排名上升 43 位,彰显了企业稳健发展的良好态势。由于钢铁行业是一个劳动密集型产业,除本身能提供大量劳动岗位以外,安阳钢铁还能带动上下游的石料、白灰、合金、煤炭、机械、物流、仓储、贸易、餐饮、绿化等产业的发展。几十年来,安阳与安钢一起成长,共同经历了风雨与彩虹。

然而,安钢作为坐落于城市之郊的大型钢铁企业,发展也受到了限制。一方面,因其身处京津冀大气污染传输通道,受到巨大的环境承载制约。作为中原大地的安阳,被划分至京津冀城市群,而非归属中原城市群,有此原因。另一方面,其毗邻世界文化遗产——殷墟,受到了重点保护①。在此情况下,安钢实施了几大走出去战略,来保障与城市的共生、共荣、共赢发展。

一是走出安钢发展非钢。安钢按照建立现代企业制度的要求,组建产业板块,科学界定母子公司的功能定位,将集团所属非钢公司重新划分为工业服务、城市服务、郑州三大板块。同时,制定市场化定价和考核倒逼措施,充分发挥市场对资源配置的决定性作用,实现内部市场业务市场化定价的全覆盖,让市场成为内部定价的唯一标准。非钢产业发展战略为企业注入了新动能。2019年,安钢集团公司实现销售收入 170 亿元,实现利润 7.23 亿元,"失血"业务单元由年初的 21 个减至 1 个。

二是走出安阳发展安钢。对内,安阳本部通过置换淘汰限制类装备,达到超低排放标准,成为工艺技术先进、环保设施完善、市场竞争力强的先进绿色制造基地。继荣获"2019 最具影响力绿色发展企业品牌"之后,安钢顺利获评国家 3A 级旅游景区,并正式授牌,厂区整体面貌发生了脱胎换骨的变化。对外,安钢建设运营

---

① 郭焕强.安阳钢铁实施"三个走出"发展战略实践研究[J].冶金经济与管理,2021(3):45-47.

周口钢铁基地。该项目是河南省为推动供给侧结构性改革,实现省内钢铁产业优化调整的重点项目,也为周口农业大市架起了新的发展引擎。产能的异地置换带来了规模效益的提升,实现了安钢再造的目标。

三是走出国门发展安钢。除了产能的国内转移之外,安钢也实现了产能的国际输出。柬埔寨的钢厂建设、德国巴登钢厂的技术服务合作以及越南河静钢铁先进技术的整体出口,都是安阳钢铁走出国门发展的重要事件。2021 年,柬埔寨钢铁项目已完成选址报告和项目建议书,为安钢拓展了更大的发展空间。同时,通过赴越南为河静钢铁高炉开炉提供技术咨询、开通哈萨克斯坦铸管专列、特种耐候桥梁钢出口孟加拉国、高强度盘条交付越南客户,安钢的核心技术、高端产品已走向国际市场①。

2)区域交通枢纽的提升

2021 年 11 月 29 日,国家发展改革委公布了"十四五"首批国家物流枢纽建设名单,共计 25 座城市。其中,安阳作为陆港型国家物流枢纽成功入选。

人工天河——红旗渠代表了自力更生、艰苦创业的精神。建设中的安阳红旗渠机场将成为安阳的城市招牌,也是安阳的未来地标。红旗渠机场位于汤阴县瓦岗乡,距安阳市区直线距离 27 公

---

① 郭焕强.安阳钢铁实施"三个走出"发展战略实践研究[J].冶金经济与管理,2021(3): 45－47.

里,占地约 156 万平方米,主要建设 1 条 2 600 米长的跑道、6 122 平方米航站楼、7 个站坪机位等,项目总投资达 13.66 亿元。该项目建成后,可满足年旅客吞吐量 55 万人次、货邮吞吐量 2 000 吨。该项目工程建设已顺利完成,正在进行机场使用许可证申领工作。未来,安阳红旗渠机场将成为我国航空运输网络的组成部分,直接服务豫北三市——安阳、濮阳和鹤壁的 1 160 万人,并辐射晋东、冀南、鲁西南 150 千米范围内约 6 000 万人,也将填补豫东北地区民航发展的空白。安阳红旗渠机场对完善综合交通运输体系和民用机场布局、满足区域航空运输发展需求、方便人民群众交通出行、促进安阳经济和旅游业发展具有重要意义①。

近年来,安阳市充分发挥交通区位优势,全面实施高速公路"13445"工程。截至 2022 年,鹤辉高速公路安阳段已建成通车,沿太行高速公路、安罗高速公路、内林高速公路、濮卫高速公路安阳段正在加快建设,建成后可新增高速里程 228 公里。无人驾驶航空试验区、国家级无人机检验检测中心等项目加快建设,5G 泛在低空测试基地、无人机科创园基本建成。中国滑翔伞器材装备检测中心主体已完成。陆港型国家物流枢纽列入国家"十四五"建设名单,物流枢纽智能化改造、大宗商品公共仓储设施等项目通过专家评审。保税物流中心申建方案已经省政府

---

① 贺瑛.古都安阳奋力谱写建成新时代区域中心强市绚丽篇章[N].安阳日报,2022 - 08 - 02(5).

同意并向海关总署提出申请。滑县铁路专用线全线贯通、安西联络线、内黄铁路专用线正在加快推进,着力打通铁路运输"最后一公里"①。

3) 豫北粮仓的脱贫

豫北平原的南面有一座小城,是中原经济区粮食生产核心区、河南省第一产粮大县、中国粮食生产先进单位,这便是有着"豫北粮仓"之称的滑县。滑县位于安阳市南部,区域面积达 1 814 平方公里,是一个典型的农业大县、人口大县。滑县有史记载 5 000 余年,是华夏文明的发祥地之一。这样一座历史古城,一度是基础薄弱、产业滞后、建设落后的国家贫困县。近年来,滑县利用改革机遇,充分利用自身特点,走出了贫困局面,走上了撤县设市的发展之路。

作为农业大县的滑县,其产业结构严重不合理。在经济发展困难重重的阶段,滑县抓住了电商机遇,将农业产品与电商物流充分结合,成为县域经济的突破口。截至 2022 年,滑县有电商企业 20 余家,建成乡村电商服务站点 578 个,全县实现所有行政村全覆盖。滑县电商交易额、网络零售额以年均近 30%的速度递增,网商活跃度居安阳市第一。阿里研究院公布的 2019 年淘宝村镇名单中,安阳市入选的 4 村 3 镇全部在滑县。滑县被评为国家级

①　贺瑛.古都安阳奋力谱写建成新时代区域中心强市绚丽篇章[N].安阳日报,2022 - 08 -02(5).

电子商务进农村综合示范县,荣获"互联网+农业"全国十大最具特色县域荣誉称号①。

同时,滑县利用县域丰富的农产品资源,大力发展农产品深加工,先后引进了利生面业、辛安面业、福乐道口面业、永达食品等一大批国内面粉加工、食品加工、高效种养企业,促进绿色食品业转型升级和农业提质增效②。滑县地处安阳、濮阳、新乡、鹤壁四市交会处,区位优势明显。近年来,郑济高铁滑县段、濮卫高速开工建设,安罗高速稳步推进,滑县即将步入高铁、高速、公路、铁路联运新时代。

5.5.2 借势而为的八朝古都

开封地处华中地区、河南东部、中原腹地、黄河之滨,紧邻省会郑州,全市总面积达6 118平方公里,总人口为550万人,具有"文物遗存丰富、城市格局悠久、古城风貌浓郁、北方水城独特"四大特色。开封是首批国家历史文化名城,素有"八朝古都"之称,迄今已有4 100余年的建城史和建都史,先后有夏、战国时期的魏,五代时期的后梁、后晋、后汉、后周,北宋和金在此定都。由于省会的迁移、交通区位的变化,开封的命运发生了重大的改变。随着中原城

---

① 中共滑县县委办公室.农业大县向区域性中心城市的嬗变:滑县抢抓省直管县体制改革机遇加快经济社会发展[J].行政科学论坛,2020(8):10 - 13.
② 戴了30年国家贫困县帽子的滑县突然"撤县设市",凭啥?[EB/OL].[2023 - 01 - 01].https://zhuanlan.zhihu.com/p/347924146.

市群的崛起、郑开同城化的深化,加之自身的文化底蕴,开封也在摸索着崛起的道路。

1）郑开同城化中的汴州

自 2005 年河南省发展改革委首次提出郑汴一体化以来,郑州与开封的协同发展已近 20 年。目前,开封市结合自身资源禀赋优势,坚持与郑州错位发展,谋深做实了一批与郑州实施交通同城、科创同城、产业同城、生态同城、公共服务同城的项目。例如,依托开封奇瑞、郑州宇通等整车和零部件企业,正加快建设超千亿元级郑开汽车产业带,开封正在成为郑州制造业外溢的主要承接地。不仅如此,开封市通过强化统筹协调,凝聚区域发展新动能。围绕交通同城,郑开兰间高速公路郑开两市车辆实现免费通行,郑开城际延长线全面建设;围绕产业同城,开封市积极培育以高端制造、电子信息、智慧物流、生物医药及医疗器械等先进制造业为主体的开港经济带。

与此同时,开封市启动郑开同城化发展规划、郑开同城化示范区国土空间规划编制工作,与郑州协商拟定《共同推进郑开同城化发展合作备忘录》,达成规划、交通、科创、产业、生态、公共服务"六同城"共识,推进一批郑开同城先导性工程,首批 255 项"郑开同城自贸通办"事项实现网上可办。比如,郑开籍 ETC 小型客车在郑开兰高速间指定站点实现免费通行,郑开城际铁路延长线项目、郑开大道快速化改造正在推进,等等;谋划打造南部、北部、东部"三个先行示范区",兰考正式纳入郑开同城化进程,郑开同城化发展取得阶段性成效。

2）文化与市场的融合

文旅是开封最大的优势。开封文化事业、文化产业的发展，在全省乃至全国都处于"领航者""领头雁"的位置。"十三五"期间，开封市以文旅产业为代表的第三产业经济贡献率达到50.6%，为古城保护发展注入新活力。近年来，开封市抢抓重大战略机遇，深入贯彻黄河流域生态保护和高质量发展、宋都古城保护与修缮等重大战略，坚持创意创新，夯实文旅文创融合发展之路，提出"一都一城"的战略目标，即高水平建设世界历史文化名都、高标准打造国际文化旅游名城，把开封建设成为全省文化中心、创新中心、宜居宜业宜游中心。开封先后完成了13.5平方公里的开封城墙保护修缮贯通工程，10.2公里的宋都水系、"一渠六河"和"十湖连通"工程；先后开展多处遗址的考古发掘工作，在激活沉睡文化基因、深化文物保护利用改革、加强古城保护利用、传承城市文脉、增进文化自信、推动高质量发展等方面，进行了积极的探索和实践①。

2016年8月，开封被国家正式纳入中国（河南）自由贸易试验区。2021年8月，开封片区成功入选第二批国家文化出口基地名单，并牵头发布中部地区国家文化出口基地共建开封宣言。根据

---

① 河南省人民政府.开封市文旅强市百花齐放 加快文旅文创融合高质量发展［EB/OL］.（2022－05－09）［2023－01－01］.https：//www.henan.gov.cn/2022/05－09/2445099.html.

河南省商务厅的数据,截至 2021 年年底,开封片区通过全产业链制度创新有效吸引市场主体集聚,文化及相关产业市场主体占片区整体的 47.32%,文化及相关产业增加值占 GDP 的比重为25.2%①。依托自贸试验区、综保区政策红利推进各种文化产业制度创新,开封片区依托国际艺术品保税仓、艺术银行等,开展艺术品投融资、鉴定、评估、确权、托管、流通等全产业链配套服务,在海内外打出了开封文化产业的响亮品牌。

历史的发展总在循环往复,一如盛极一时的开封、洛阳,如今负重前行。在历史上的陆权时代,险要关隘往往是都城的重要优势;在今天的全球化时代,这类因素往往成为阻碍城市发展的负担。然而,中原的古城有历史的沉淀与文化的支撑,在新的理念支持下,相信它们会带领中原崛起。

(王赟赟　上海全球城市研究院助理研究员)

---

① 资料来源:自贸试验区开封片区乘风起舞　文化产业蹚出新出路[EB/OL].(2022 -04 - 08)[2023 - 09 - 30]. https://hnsswt.henan.gov.cn/2022/04 - 08/2428805.html.

第6章
大武汉支撑中部强省的半壁江山

"大武汉"记录着武汉的光荣历史,是湖北着力打造的超级城市 IP(Intellectual Property,知识产权),是展示中部崛起的一面旗帜。从过往 10 年来看,"大武汉"对于湖北来说是喜又是忧,喜的是以武汉一己之力足以提振湖北经济,忧的是武汉的虹吸效应造成的区域发展不平衡愈加严峻。

正是这种喜忧杂糅,让"大武汉"从里到外不断被定义,从"1+8"、一主两翼到武鄂黄黄同城一体,上演了一场又一场湖北经济的大变局,成为中部崛起中最引人入胜的城市故事(见图 6-1)。

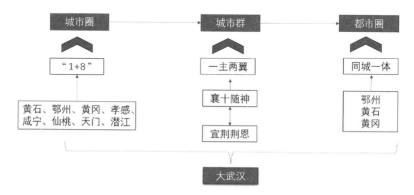

图 6-1　近 10 年大武汉助力湖北成为中部强省的路径

6.1　从"湖北新政"走出来的大武汉

1889 年 12 月 17 日,52 岁的张之洞从一艘名叫"粤秀"的轮船走下,踏上了武汉的土地,开始他长达 18 年的湖北执政生涯。他以发展交通、创办实业、兴革文教、编练新军等为主要内容,推行"湖北新政",揭开了中部第一次崛起的大幕。

6.1.1　中国钢铁工业的摇篮

张之洞执政湖北的第一件大事,是建立汉阳(武汉市龟山)铁厂。1890 年,张之洞先是设立铁政局,准备铁厂的选址,解决铁厂矿石、燃煤来源、建厂经费来源等事宜。1891 年年初,占地近千亩的汉阳铁厂正式动工,整个厂区由 10 个小厂组成,招 3 000 多名工人,其中有 10 人被委派到比利时学习技术①。

1894 年 5 月,中国近代第一个大型钢铁工厂汉阳铁厂正式开炉炼铁。当时日本人的报道称其为"20 世纪中国之雄厂"。美国驻汉口领事称:"这企业是迄今日为止,中国以制造武器、钢轨、机器为目的的最进步的运动……而且规模宏大,所以就是走马观花地参观一下,也要几个钟头。"②

---

① 冯天瑜.张之洞评传[M].郑州:河南教育出版社,1985.
② 冯天瑜.张之洞评传[M].郑州:河南教育出版社,1985.

随后的两年,汉阳铁厂成为清政府举办的各类工业中耗资最多的一个企业,耗银高达 580 余万两。由于汉阳铁厂的燃料问题一直没有解决,造成亏损严重,张之洞被迫将汉阳铁厂交给盛宣怀经营。直到 1898 年发现江西萍乡的优质煤后,汉阳铁厂才进入正常生产中,随后为京汉、正太、淞沪、宁沪、杭沪甬、津浦、广九、川汉等铁路提供铁轨。尤其是 1898 年,京汉铁路建成通车,成就了武汉九省通衢的优势。

1908 年,汉阳铁厂、大冶铁矿和萍乡煤矿,正式成立汉冶萍煤铁厂矿有限公司,也是当时亚洲最大的钢铁联合企业。在成立后的 20 多年时间里,汉阳铁厂生产了中国 90% 以上的钢铁,被称为"中国钢铁工业的摇篮"。

张之洞还在湖北主持修筑了芦汉铁路,督办了粤汉铁路;实行了开明的工商业政策;创设了商务局、商学会、劝业场,开通电话、电报;开办设立了织布、纺纱、缫丝、制麻四局;创办了白沙洲造纸厂、武昌制革厂、湖北毡呢厂、湖北官砖厂等。

6.1.2 张之洞推动中部第一次崛起

张之洞被称为"晚清第一通晓学务之人"。在执政湖北之前,他在浙江、湖北、四川当过十年学官,深知传统教育的弊端,积极推行新式教育。执政湖北之后,他于 1893 年创立武汉大学的前身"自强学堂",宗旨是"讲究时务、融贯中西、研精器数,以期教育成材,上备国家任使"。同年,他又创办培养外交、外语人才的湖北方言学堂、农务学堂、工艺学堂、矿业学堂、工业学堂、驻东铁路学堂、军医学堂等。

　　1902 年,张之洞将两湖书院更名为两湖高等学堂,探索现代化教育方式。两湖高等学堂形成文、理、法三科的高等学堂,开了两湖大学预科学堂设立之先河,成为清末地方书院改制的一个借鉴标本;还聘请海内外许多知名人士来任教,选派七八十人到日本留学。据 1907 年的统计数字,留日学生在全国各省共计 5 400 多名,湖北派出的即有 1 360 名,约占 1/4,这让湖北博得了"先进省"之称①。

　　张之洞在武汉创办了几十所各级各类新式学堂,涉及实业教育、普通教育、师范教育、留学教育,形成了一个比较完整的近代教育体系,成为湖北近代教育的开端。今天湖北涌现出武汉大学、华中科技大学、华中农业大学等一批一流高校,武汉成为中国教育重镇之一,其首开之功当归于张之洞。

　　清《学部官报》记载,20 世纪初,湖北全省学生为 99 064 人,是江苏的 2.2 倍、浙江的 1.3 倍、广东的 1.14 倍,其师范学堂、实业学堂、专门学堂人数分别是江苏的 3.4 倍、2.9 倍、2 倍,出现"四方求学者闻风麇集"的盛况,"各省考察学制者必于鄂,延聘教员者必于鄂"。这一系列荣耀,都要归功于张之洞开了湖北新式教育之先河②。

　　新中国成立初期,毛泽东在谈到中国工业发展时,曾说过有四

---

① 冯天瑜.张之洞评传[M].郑州:河南教育出版社,1985.
② 冯天瑜.张之洞评传[M].郑州:河南教育出版社,1985.

个人不能忘记：讲到重工业，不能忘记张之洞；讲到轻工业，不能忘记张謇；讲到化学工业，不能忘记范旭东；讲到交通运输业，不能忘记卢作孚。1912 年，孙中山到武汉访问首义之地时，发出感慨："以南皮（南皮即张之洞）造成楚材，颠覆满祚，可谓为不言革命之大革命家。"①

数据显示，从 1895 年至 1913 年，武汉地区有厂矿 28 家，仅次于上海的 83 家，多于天津的 17 家、广州的 16 家；同样居全国第二的还有资本总额，仅次于上海，多于广州、天津。彼时的武汉，有着"驾乎津门，直追沪上"的趋势②。

自 1896 年至 1905 年，汉口对内对外贸易额增加 1 倍多。1906 年，汉口进出口贸易占全国贸易额的 12.04%，几乎接近上海的水平。清末日本驻汉口总领事水野幸吉在当年写道："与武昌、汉阳鼎立之汉口者，贸易年额 1.3 亿万两，夙超天津，近凌广东，今也位于清国要港之二，将进而摩上海之垒，使观察者艳称为东方之芝加哥（美国第二大都会）。"

近代史研究学者冯天瑜认为，督鄂 18 年，张之洞推动了湖北和武汉的第一次中部崛起。冯天瑜在接受《新华每日电讯》记者采访时说："湖北和武汉在清末，经历了两次重要的开放，深刻改变了这个中部省份和城市的历史地位，一次是第二次鸦片战争导致

---

① 冯天瑜.张之洞评传[M].郑州：河南教育出版社,1985.
② 冯天瑜.张之洞评传[M].郑州：河南教育出版社,1985.

的被动开放,一次是张之洞推行湖北新政作出的自主开放。"

张之洞执政湖北 18 年,将武汉打造成全国最大的工业基地,也使得武汉一跃而为"仅次于上海的大都会"。因此,孙中山先生在《建国方略》中,将武汉描述为"沟通大洋计划之顶水点,中国本部铁路系统之中心、中国最重要之商业中心"。可以说,张之洞的"湖北新政"孕育出了"大武汉",奠定了湖北在 20 世纪的工业基础、交通基础、教育基础,为湖北成为 21 世纪中部第一强省注入了基因。

6.2 从"大武汉"到"一主两副"

6.2.1 武汉:"1+8"城市圈的失与得

1946 年,抗日战争胜利不久,大武汉百废待兴,于是湖北省政府成立了"武汉区域规划委员会",制定了一个武汉区域规划,将武汉分成三级建设:第一级,通过交通建设,使武汉三镇合为一体;第二级,建设卫星城,疏导武汉市中心区人口,避免出现庞大的城市;第三级,在武汉区域,包括武汉市区及武昌、汉阳、黄冈(含今新洲地域)、黄陂、鄂城、大冶、嘉鱼和沔阳 8 个县,将中心区与 8 个县连为一体,放在今天来看,相当于"1+8"城市圈。

60 年后,2006 年武汉城市圈①被写入《中共中央、国务院关于

———————————

① 这里的武汉都市圈不同于目前规划的武汉都市圈。

促进中部地区崛起的若干意见》。"武汉城市圈"被列为中部四大城市圈之首,领跑"中部崛起"。2008 年 9 月,国家批准武汉城市圈开展两型社会综合配套试验,赋予其一系列先行先试的权利。2013 年,国家发展改革委正式批复《武汉城市圈区域发展规划》(2013—2020 年)。

武汉城市圈又称"1 + 8"城市圈,是指以武汉为圆心,包括黄石、鄂州、黄冈、孝感、咸宁、仙桃、天门、潜江周边 8 个城市所组成的城市圈。虽然武汉城市圈的面积不到湖北省总面积的 1/3,却集中了湖北省一半的人口、六成以上的 GDP 总量,肩负湖北经济高速发展的重任,成为中部崛起的重要战略支点。

武汉城市圈的规划,突出以武汉为中心的都市密集区优势,与周边资源丰富、成本竞争力突出的城市优势互补,打造湖北经济发展的强劲增长极,旨在建设长江中游地区经济发展的核心区,使武汉城市圈发展成为继沿海地区之后第四大经济增长极。

《2021 年武汉城市圈城市融合指数评估报告》显示,2021 年,武汉城市圈经济总量超过 3 万亿元,相当于 2020 年黑龙江、吉林、青海和西藏四省区 GDP 的总和,在全国主要省域都市圈中位居前列,正从发育型都市圈迈向成熟型都市圈,成为中部地区经济增长的第一引擎。

整体来看,武汉都市圈经过 10 多年的发展,在规模体量、综合竞争力、对中部崛起的贡献方面都可圈可点,达到了预期的效果。然而,值得注意的是,武汉都市圈内部的差距越来越大,武汉一家独大的倾向越来越明显,呈现"东强西弱""北强南弱"的特点,区域经济发展不均衡成为武汉都市圈面临的最大挑战。

基于此,湖北省政府发布《武汉城市圈同城化发展实施意见》,为武汉城市圈同城化发展列出了"计划表"和"施工图"。根据规划,到 2023 年,武汉都市圈要建成一批交通、水利、能源、信息、市政领域重大工程,区域基础设施互联互通基本实现,高快速路网密度达到 2 公里/平方公里,全面形成"123 综合交通网"(武汉城市圈 1 小时通勤,长江中游城市群 2 小时通达,全国主要城市 3 小时覆盖)。也就是说,未来武汉城市圈居民将享受一小时通勤圈、一日生活圈以及政务服务"跨市通办""一网通办"等多项便捷服务。

随着武汉城市圈同城化的落地,以"九城就是一城"的战略导向为指引,武汉需要首先提升自身主城的地位,同时也要加强光谷、车谷、临空经济区和长江新区这四个副城的发展,提升城市的功能,发挥"群主"的辐射引领作用。其次,鄂东三市黄石、鄂州、黄冈需要依托武汉的"龙头",主动融入和深度融合,与武汉共同应对发展问题,发挥好航空客货运"双枢纽"的优势,同时打造临空经济。再次,孝感和咸宁作为武汉城市圈南北两大门户,要打造武汉的"新外延"和"后花园"。最后,仙桃、天门、潜江需要打造百强县,成为县域经济的新标杆。

毫无疑问,武汉城市圈是湖北全省高质量发展的主引擎,从国家层面到湖北省内,均将武汉城市圈发展摆在重要位置。随着武汉城市圈同城化发展对其过往长期存在的发展不均衡问题的纠偏,武汉城市圈不仅将在支撑长江经济带、中部地区崛起、长江中游城市群重大战略实施中发挥更大的作用,同时将深度参与国际分工,集聚全球资源,带动整体竞争力大幅增强,在全球竞争合作中发挥更大的引领作用,最终成长为全国重要的增长极。

6.2.2 襄阳:汉江流域高质量发展标杆城市

2001 年,湖南省社科院研究员秦尊文基于湖北省省情提出"省域城市副中心"这个概念。他认为,湖北人多地广,地域上东窄西宽,而省会武汉又偏于鄂东,客观上需要在鄂西确立一个"省域副中心城市"作为省会武汉的"二传手"。不能让人口集中往一个中心城市跑,这会出现房价高、人口多等一系列城市病。

湖北省域副中心城市的选择标准,基于地理位置、辐射能力、经济总量等多种考量因素。湖北的襄阳市地处鄂西北、江汉平原腹地,素有"南船北马、七省通衢"之称。2003 年,国务院批准的《湖北省城镇体系规划(2003—2020)》中,明确将襄阳、宜昌定位为"省域副中心城市"。

在襄阳未被定位为省域副中心城市之前,其 2002 年的经济总量仅为 456.6 亿元。随着襄阳承担起省域副中心城市建设的重任,从外部不断获得政策支持,而内部又及时把握住战略机遇,襄阳迎来了经济大发展时期。其中,2008 年、2011 年、2015 年、2018年,襄阳经济总量接连突破 1 000 亿元、2 000 亿元、3 000 亿元、4 000 亿元大关,2021 年其经济总量更是达到 5 309 亿元,2022 年经济总量达到 5 827 亿元,连续 6 年稳居全省第 2 位,连续 5 年位列全国城市 50 强,居汉江流域城市首位。

在襄阳省域副中心城市建设中,工业是主角。工业产值在襄阳市经济增量中的占比达到 40% 以上,在全省工业总量中的占比达到 10% 以上。根据规划,襄阳市到"十四五"末,要构建形成"135"现代产业体系:培育 1 个 3 000 亿元级汽车产业,装备制造、纺织服装、轻工食品 3 个千亿元级产业,生物医药、新一代信息技术、新能源新材料、精细化工、节能环保 5 个 500 亿元级产业。

襄阳立足自身交通资源禀赋,着力打造全国性综合交通枢纽,构建立体交通新格局,逐渐变成内陆开放"新沿海"。襄阳机场加快改扩建,向一类航空口岸和区域性航空中心迈进。随着汉十、郑渝高铁相继通车,襄阳全域进入了高铁时代。"十四五"期间,伴随着武西、呼南、襄常高铁建成通车,襄阳"米"字形高铁网络呼之欲出,并与普速铁路形成了"四纵四横"的铁路客货运输网络。

长期以来,高教资源的缺乏制约了襄阳的发展。为此,襄阳市政府制定实施"招校引院"计划。其中,华中科技大学工研院、华中农业大学襄阳校区、武汉理工大学专业学位研究生培养模式改革襄阳示范区相继落户襄阳。同时,襄阳市与企业合作提升职业教育水平。襄阳先后组建了华中农业大学襄阳现代农业研究院、湖北汽车工业学院智能汽车(襄阳)产业学院、襄阳华中科技大学先进制造工程研究院等,常态化开展重大产学研对接活动。

2021年，湖北省政府发布的《湖北省新型城镇化规划（2021—2035年）》中强调，湖北要提升省域副中心城市能级，到2035年，襄阳将提升为Ⅰ型大城市，必须加快建设襄阳都市圈。2021年11月，国务院批复《"十四五"特殊类型地区振兴发展规划》，"襄阳建设省域副中心城市"上升为国家战略。经过20年的摸索，襄阳逐步成为汉江流域高质量发展标杆城市，成为湖北建设新发展格局先行区的样板。

6.2.3　宜昌：从大城市向特大城市跨越

宜昌历来被称作"川鄂咽喉，鄂西重镇""三峡门户"，是巴楚文化发源地，与襄阳都属于湖北省域副中心城市。2021年，宜昌市GDP突破5 000亿元大关，同比增长16.8%，在全省经济总量排名中位列第三，增速跃居全省第一。"亿"成为近年来宜昌身上的标签，比如百亿级的项目投资、千亿级的产业园区、万亿级的经济总量。

数据显示，截至2021年年底，宜昌市在建亿元以上项目有1 285个，总投资达4 677亿元，同比分别增加228个和455亿元。其中，在库项目数量及储备投资达到历史最多，在2021年全省投资和重大项目专项督查考核中排名第一①。

---

① 资料来源：2021年宜昌经济发展观察："全年精彩"的宜昌答卷［EB/OL］.（2021 - 12 - 27）［2023 - 09 - 30］. http://www.yichang.gov.cn/html/zhengwuyizhantong/zhengwuzixun/jinriyaowen/2021/1227/1037620.

三峡大坝和葛洲坝均在宜昌市,这也给宜昌带来了两次重要的发展机遇。一次是葛洲坝工程的兴建,宜昌完成了从小城市向中等城市的跨越。第二次是三峡工程的兴建,宜昌完成了从中等城市向大城市的跨越。第三次机遇则是被定为省域副中心城市,宜昌实现从大城市向特大城市的跨越。

目前宜昌拥有世界上规模最大的水电站——三峡水电站。此外,还有葛洲坝、隔河岩和水布垭等大型水电站。由宜昌水电站发出的电力,现已输送到广州、深圳、上海、江浙、北京、天津、成都、重庆等地,其发电量已达到 1 031 亿千瓦时,宜昌被称为"世界水电之都"。这也是宜昌作为省域副中心城市得天独厚的战略优势。

宜昌是一个拥有 4 个国家 5A 级旅游景区的城市,其 5A 景区数量在全国城市中排名第 4 位,同时也是全国 11 个重点旅游城市之一。宜昌的著名旅游景点包括三峡大瀑布、晓峰悬棺、三国古战场等。此外,宜昌也是湖北省第二大森林资源城市,森林覆盖率为 48.5%,是一个非常适宜居住的山水园林城市。在宜昌文旅"十四五"规划中,宜昌提出了更加宏大的目标:融入国内国际大通道,具体打造"一带一路"重要节点城市,建成长江国际黄金旅游带核心城市。

2023 年 3 月 21 日,襄阳至宜昌高速公路襄阳段正式开工。该高速公路建成后,两地间的高速通行时间将从原来的 3 小时缩短到 1.5 小时。宜昌是国家确定的全国性综合交通枢纽城市之一,依托黄金水道,建设区域性物流中心;依托三峡机场,建设区域性航空枢纽;建设"十字形"高铁枢纽,打造区域性高铁枢纽城市。

对于加强长江经济带和汉江经济带的联系,宜昌重点通过高铁建设加强与襄阳和武汉的联系。

根据宜昌市的规划,未来 5 年内,宜昌的经济总量将突破 8 500 亿元,工业总产值将突破 1 万亿元,同时培育壮大 6 个千亿级产业。宜昌将聚焦于绿色化工、生物医药、装备制造、新一代信息技术、清洁能源等优势产业,引领宜昌的高质量发展,着力打造联结长江中上游和辐射江汉平原的省域副中心城市。

6.3 城市集群打造湖北经济发展"黄金三角"

城市群已经成为我国区域经济协调发展的重要抓手。随着集聚效应的增强,城市和城市之间的联系变得越来越重要,通过都市圈和城市群的发展,会形成新的增长动力,优化经济结构。截至 2022 年,中国已有 19 个城市群。其中,长三角、珠三角城市群的经济总量遥遥领先,其次是京津冀、长江中游、成渝城市群,之后是山东半岛、粤闽浙沿海、中原城市群等。

在湖北省"一主引领、两翼驱动、全域融合"的区域发展布局下,以武汉为核心,发挥"1+8"城市圈的优势,扮演"先锋队"的角色。然而,武汉城市圈其他城市的规模太小,武汉的首位度太高,存在虹吸效应,武汉对资源的吸纳作用大于辐射带动作用。同时,不同城市间的行政壁垒依然存在,产业同构导致恶性竞争;产业链条短,难以延伸到周边城市。

　　2022 年 2 月,国务院批复了《长江中游城市群发展"十四五"实施方案》,再一次明确武汉城市圈在长江中游城市群的战略地位,努力将产业链条向周边城市延伸。

　　除了宜昌都市圈之外,襄阳、十堰、随州这 3 座城市也组成了襄十随神都市圈,而宜昌、荆门、恩施这 3 座城市则组成了宜荆荆恩都市圈(见图 6-2)。截至 2020 年,襄十随神都市圈的 GDP 达到 7 600 亿元,人口数量达到 1 062 万人;宜荆荆恩都市圈的 GDP 达到 9 653 亿元,人口数量达到 1 538 万人。从两大都市圈的经济总量和人口规模来看,宜昌都市圈均占有一定的优势。

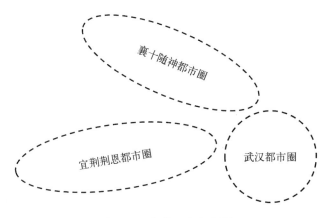

图 6-2　湖北三个都市圈

　　襄十随神都市圈的面积约占湖北省面积的 1/3。襄阳、十堰和随州都是湖北省的老工业城市,以汽车工业为主要产业,是湖北鄂北汽车工业走廊上的重要成员。未来,襄十随神都市圈的发展重点将放在汽车工业、特色农业和旅游服务业上。在湖北省三大都市圈中,襄十随神都市圈的发展比较均衡,综合实力超过宜荆荆恩都市圈,位居第二。

表6-1 三大城市群对比

城市群	面积占全省的比例	GDP/亿元	人口/万人	支柱产业
武汉都市圈	不到湖北的1/3	26 357	3 096	信息、汽车、大健康和生物医药等
宜荆荆恩都市圈	超过湖北的50%	9 653	1 527	化工、农业等
襄十随神都市圈	湖北的1/3	7 642	1 056	汽车、特色农业、旅游服务等

资料来源:国家统计局官网。

宜荆荆恩都市圈的面积超过湖北省总面积的一半,沪汉蓉快铁、沿江高铁和荆荆城际铁路等快铁和高铁,将4个地级城市紧密地连通起来。宜昌、荆门和荆州都位于湖北化工工业走廊上,主要以化工产业为主,而恩施工业基础薄弱,是传统的农业产业基地,目前主要发展特色农业和旅游服务业。由于恩施、宜昌西部以及荆州南部等地农业占比较高,因而经济发展水平偏低。

过去,湖北省发展规划围绕"一主两副",现在进行战略大升级,形成"一主两翼"的全新战略规划,推动"一主两副"由"点"向"面"的转型,从而带动全省经济协调发展。而在湖北新的"一主两翼"发展规划下,全省13个地市州实现联动,并通过三个中心城市以及都市圈的辐射引领作用,促进全省协同发展。

经过十几年的发展,武汉城市圈已经证明了一个事实:单靠自身力量很难推动整个湖北经济的快速发展。因此,就需要"两个帮手"——襄十随神、宜荆荆恩的加入,形成一个黄金三角,使"两翼"与"一主"相互协调和联动,共同推动各个城市在交通基础设施、产业和社会公共资源方面的共建共享。这将夯实湖北在中部地区崛起中的引领者地位。

6.4　武汉都市圈:武鄂黄黄走向同城一体化

6.4.1　武汉:打造都市圈的两大抓手

党的二十大报告明确提出,深入实施区域协调发展战略,以城市群、都市圈为依托构建大中小城市协调发展格局。2022 年 3 月,国家发展改革委印发的《长江中游城市群发展"十四五"实施方案》提出,长江中游城市群要依托中心城市形成三个都市圈,其中,武汉要加快与鄂州、孝感、咸宁、黄冈、黄石等地同城化进程,着力打造武汉都市圈。

2022 年 12 月,《武汉都市圈发展规划》获得国家发展改革委批复同意,成为继南京、福州、成都、长株潭、西安、重庆之后,国家批复的第 7 个都市圈规划,预示着武汉进入都市圈建设新时期。都市圈与城市群最大的区别是,城市群的范围更大,而都市圈更精,都市圈是城市群发展的核心。可以说,武汉都市圈成为长江中游城市群的杠杆。

"武鄂黄黄"是武汉都市圈的核心区,包括武汉、鄂州、黄冈、黄石 4 个城市。2023 年 1 月,湖北省发布《武鄂黄黄规划建设纲要大纲》,提出以武汉新城、花湖国际货运枢纽和武鄂黄黄核心区综合交通体系建设为突破口,着力推进武鄂黄黄同城一体化发展。2 月,武汉新城规划显示,武汉新城打破了传统的行政区划,横跨武汉、鄂州两市。从以上两大动作可以看出,四方正勠力同心将武汉都市圈打造成全国重要的增长极。

武汉光谷和武汉长江新区是武汉打造都市圈的两大抓手。从地理位置上看,武汉光谷提升了武汉东部的综合实力,而武汉长江新区则将武汉北部打造成新的增长极。自党的十八大以来的 10 年间,习近平总书记 3 次考察武汉光谷,并强调"科技自立自强是国家强盛之基、安全之要"。

数据显示,从近 10 年新注册的企业数据来看,光谷的高新技术企业从 672 家增加到近 4 300 家,瞪羚企业从 161 家增加到 502 家,光谷也诞生了 6 家独角兽企业、20 家潜在独角兽企业和 57 家上市公司。此外,光谷还拥有超过 40 个国家级企业创新平台和近 400 个省级创新平台①。

---

① 长江日报.光谷新增瞪羚企业 518 家 研发水平约为全国平均的 2 倍[EB/OL].(2023 - 11 - 16) [2023 - 11 - 30].https://www.wuhan.gov.cn/sy/whyw/202311/t20231116_2301850.shtml.

表 6－2　2022 年武汉光谷高科技高成长 20 强

排名	公　司　名　称	所　属　行　业
1	武汉市聚芯微电子有限责任公司	硬件/半导体/元器件
2	武汉滴滴网络科技有限公司	软件/商用软件
3	武汉奋进智能机器有限公司	软件/泛 AI 软件
4	武汉卓尔数字传媒科技有限公司	互联网和相关服务/泛互联网平台服务
5	武汉哈乐沃德网络科技有限公司	互联网和相关服务/泛互联网平台服务
6	武汉小安科技有限公司	硬件/物联网硬件
7	谱度众合（武汉）生命科技有限公司	生命科学/生物制品与技术
8	武汉初心科技有限公司	软件/商用软件
9	武汉盛为芯科技有限公司	其他/半导体与新一代通信技术
10	武汉金豆医疗数据科技有限公司	软件/大数据
11	武汉盛博汇信息技术有限公司	软件/商用软件
12	武汉珈和科技有限公司	软件/大数据
13	武汉涪芙科技有限公司	生命科学
14	武汉驿路通科技股份有限公司	硬件/半导体/元器件
15	武汉惟景三维科技有限公司	高端装备/智能制造
16	武汉映瑞电力科技有限公司	其他/电力、智能电网研发及技术服务

续　表

排名	公　司　名　称	所　属　行　业
17	武汉美之修行信息科技有限公司	互联网和相关服务/泛互联网平台服务
18	武汉翔明激光科技有限公司	高端装备/智能制造
19	武汉迈异信息科技有限公司	软件/云计算
20	象辑科技股份有限公司	互联网和相关服务/泛互联网平台服务

武汉光谷的优势在人才层面上表现尤为突出。目前,光谷共集聚了 4 名诺奖得主、70 名中外院士、81 名国家级高层次人才、234 名省级高层次人才、173 名"武汉英才计划"人才和 2 905 名"3551 光谷人才计划"人才[①]。此外,海外留学归国人员与常住外籍人员数量也接近 2 万人。在武汉光谷,形成了"一个人带动一个产业,一个产业带动一大批人才"的良好局面。

作为全球最大的光通信研发基地、全球最大的光纤光缆研制基地、中国最大的光器件研发生产基地、中国最大的中小尺寸显示面板基地和中国最大的激光产业基地之一,武汉光谷已经成为武汉都市圈建设的先锋。它正在加快朝着建设"世界光谷"、全球创新策源地的目标迈进。

---

① 资料来源:近十年每年诞生一个千亿产业:沿着总书记的足迹之武汉光谷[EB/OL].(2022－07－13)[2023－09－30].https://sw.wuhan.gov.cn/xwdt/mtbd/202207/t20220713_2005325.shtml.

　　2022 年 2 月 28 日,武汉长江新区正式成立。该区位于武汉东北部长江沿岸,覆盖武汉市江岸、黄陂、新洲 3 个行政区的部分区域,总规划面积约为 555 平方公里,实际托管面积约为 612 平方公里。长江新区的建立,将武汉从原来的"一主三副"(光谷、车谷、临空经济区)变成了"一主四副",武汉市的空间格局已经发生重大变化。

　　作为湖北省区域协同发展的重要"棋眼",长江新区是武汉建设国家中心城市和长江经济带核心城市的重要支撑。它采取了省市共建的模式,湖北省委托武汉市政府管理,成立了武汉长江新区管理委员会。长江新区内的片区都脱离原来的区域,归湖北省直管。在一定程度上,长江新区的行政管理有所突破,拥有较大的自主权,可以在湖北省、武汉市机构编制管理部门核定的机构总数内,自主设立、调整内设机构。

　　2023 年是长江新区的第一个建设年,该区决定从"四个全力"着手,全力推进规划建设、产业发展、科技创新和民生事业发展。目前,长江新区以重大交通基础设施项目建设为牵引,正在加快推进富强大道、江湾大道、胜海立交等骨干道路和重要交通节点建设,搭建重点开发区域的整体骨架路网体系,构筑空中、地面、地下一体化的出行模式。

6.4.2　鄂州:打造中国"孟菲斯"

　　2022 年 3 月 19 日,一架波音 757 - 200 试飞飞机从武汉飞来,降落在花湖机场,标志着花湖机场的飞行程序试飞工作即将开始。2022 年 7 月 17 日,顺丰航空的首架全货机 767 顺利降落在花湖机场,这标志着花湖机场正式迎来了首架货机。作为湖北省的"头号工程",花湖机场是亚洲第 1 个、世界第 4 个专业性货运枢纽机场。该机场计划建造 1 个面积达 2.3 万平方米的航空货站,1 个面积达 67.8 万平方米的分拣中心,以及 124 个机位和 2 条 3 600 米长、45 米宽的跑道。规划到 2030 年,该机场能够满足年旅客吞吐量 150 万人次,货邮吞吐量 330 万吨的体量。

花湖机场的高标准建设代表强大的"配送能力",其 1.5 小时的飞行半径可以覆盖包括长三角城市群、珠三角城市群在内的中国五大国家级城市群,辐射全国 90% 的经济总量和 80% 的人口。预计每小时将有 47 架飞机起降,可直达全国各大机场和世界各大机场。

花湖机场的属性和定位类似于美国孟菲斯机场,因此被称为"东方孟菲斯"。孟菲斯机场让孟菲斯从一个默默无闻的美国中部小城变成了全球知名的"航空都市",位居全球货运机场前列。花湖机场周边的产业链包括科研、加工制造、仓储、物流以及商务等产业,为当地贡献了超过 30% 的 GDP。因此,花湖机场的建设也将给当地经济发展带来巨大的促进作用。

为了成为"东方孟菲斯",鄂州市在花湖机场的建设上进行了大规模的投入。这些投资在建设现代交通网络方面得到了体现,花湖机场周围已初步形成了"公水铁空联运,江海湖直达"的交通网络。与武汉天河机场相距 100 余公里的花湖机场主要以货运为主,两个机场通过错位发展、功能互补、协同联动形成了湖北航空客货"双枢纽"格局。这使得武汉成为继北京、上海、成都之后,中国第 4 个拥有两个大型运输机场的城市,进一步提升了湖北乃至整个中部地区的对外开放水平。

随着花湖机场建设的日益完善,相关产业也得到了发展。这些产业包括快递、跨境电商、精细制造业、定临空检测业、飞机维修改装拆解相关产业、高铁物流等。这些产业的发展将有助于打造临空经济,助力湖北成为中国乃至亚太地区物流新高地,同时将助力湖北构建全国新发展格局先行区。这些产业的发展对武汉都市圈建设也具有重要的促进作用,有助于促进长江中游城市群的一体化发展。可以说,花湖机场的建设将为湖北和整个中部地区的经济发展注入新的活力。

6.4.3　黄冈:打造武汉东部生态文旅城

2015 年,国家发展改革委发布了《大别山革命老区振兴发展规划》,涉及湖北、河南、安徽三省,规划区域总面积为 10.86 万平方公里,包括黄冈市、随州市等区域。这个规划旨在将大别山革命老区打造成欠发达地区科学发展示范区、全国重要粮食和特色农产品生产加工基地、长江和淮河中下游地区重要生态安全屏障、全国重要旅游目的地。在整个大别山振兴规划中,黄冈的文旅产业被放到了至关重要的位置。

黄冈是湖北省及大别山地区红色资源最为富集的区域之一,也是全国 18 个红色旅游重点城市、12 个重点红色旅游区之一。

黄冈市现有红色 A 级旅游景区 30 个,其中有 10 个景区(点)被列入全国红色旅游经典景区名录,有 3 个景区入选建党百年红色旅游经典线路。这些红色旅游景点的建设和发展,对于黄冈市的文旅产业发展起到了重要的推动作用。

2022 年 4 月,黄黄高铁通行,串起了东坡赤壁、遗爱湖、闻一多纪念馆、普阳观、雾云山、横岗山、东山问梅村等 10 个 A 级景区,对黄冈文旅产业产生了明显的带动效应。黄冈市的文旅产业最鲜明的特色是红色旅游。黄冈市将黄冈大别山红色文化旅游区打造为国家 4A 级旅游景区。2022 年,文化和旅游部遴选了 10 家红色旅游融合发展试点单位,其中就包括黄冈市红安县。黄冈市文化和旅游发展"十四五"规划提出:着力打造红色旅游、生态旅游、康养旅游、乡村旅游、研学旅游等特色精品旅游线路产品,深入创建国家全域旅游示范区,实现 5A 级景区零的突破,最终将黄冈打造成为全省具有重要影响力的文旅名城。在"武鄂黄黄"都市圈大背景下,黄冈红色文旅迎来了全新的机遇,通过差异化的优势,向武汉东部文旅生态城迈进。

6.4.4　黄石:承接武汉产业转移

黄石是首批列入全国产业转型升级示范区的地区,从 2017 年到 2022 年,黄石连续 4 次获得全国产业转型升级示范区年度考核"优秀"等级。国家发展改革委等部门联合印发的《"十四五"支持老工业城市和资源型城市产业转型升级示范区高质量发展实施方案》,2 次提到支持黄石产业转型升级。黄石产业转型升级成功背后的一个关键要素,是扮演好产业承接的角色,尤其是承接武汉的产业转移。

黄石是长江中游城市群区域性中心城市,也是光谷科创大走廊的重要功能区,紧扣打造武汉都市圈核心城市,提出"研发在武汉、生产在黄石,孵化在武汉、加速在黄石,引才在武汉、用才在黄石,融资在武汉、投资在黄石"的区域协同创新模式,已经成为光谷科创大走廊区域协同发展的样板。

黄石选取土地资源充足、产业基础好的区域打造临空经济先行区。黄石距武汉光谷 42 公里,距鄂州花湖机场 24 公里,优越的区位,使其成为承接光谷产业转移、对接花湖机场的适宜之地。目前,黄石先行区投资 200 亿元,推进基础设施建设,发展高端仪器、生物医药、临空食品等产业。"武汉缺什么,黄石补什么;武汉做什么,黄石配套什么。"黄石依托武汉的产业辐射作用,加强产业承接和互补,持续提升产业基础能力和产业链水平。

黄石为了更好地对接武汉优势创新资源,率先在全省建成黄石(武汉)离岸科创园,开园运营不到 1 年,就签约入驻企业和机构 75 家,联合武汉高校组建了 30 个技术创新团队,引进高层次人才 60 余人,为黄石企业招引武汉高校本科及以上毕业生超过 300人。面向武汉汽车、家电行业的发展需求,黄石发展低温合金钢、高强用钢、精品板材等高附加值产品,为湖北省汽车、家电产业配套 100 万吨钢铁板材,填补了湖北省钢铁产业链的空白。

黄石还在加快完善水铁公空多式联运集疏运体系,打造武鄂黄黄国际综合交通枢纽重要节点。目前,黄石已实现至武汉及周边城市1小时通行,争取武黄城际"公交化"运行,全力建设黄石新港与武汉阳逻港双边对开城市圈首条"水上穿巴"线路。依靠紧邻鄂州花湖机场的区位优势,黄石市提出了"全域临空"的理念,全力打造花湖机场后勤配套承载区、商务服务聚集区。黄石还将联合黄冈市、鄂州市加快研究编制全国性综合交通枢纽城市总体规划,并融入武汉国际性综合交通枢纽布局。

随着武鄂黄黄一体化发展进入快车道,黄石将迎来战略发展、空间拓展、产业转型、扩大开放4个方面的历史性机遇,借势借力成为以武鄂黄黄为核心的武汉都市圈的重要增长极。在武汉都市圈建设中,黄石基于自身的产业特色,结合全省的产业格局,用提升产业配套服务能力来促进区域产业合作,放大同城效应和整体优势。

从过往10年来看,"大武汉"成为湖北迈向中部强省最确定的要素,而不确定的是谁与武汉成为"大武汉"中的一分子;能确定的是湖北走向何方,成也武汉、败也武汉,不确定的是以什么策略成或败。

从"1+8"城市圈规划、"一主两翼"战略再到"武鄂黄黄"都市圈规划,下一个战略又是什么,什么时候到来?这本身就有不确定性,这可能成为制约湖北迈向中部强省的最大挑战,最终的答案还是要靠"大武汉"来回答!

（宋琪森　锦坤品牌咨询师）

第7章
长株潭都市圈引爆湖湘城市发展

2022年年末，随着世界杯的火爆，一首《早安隆回》配合着梅西捧起大力神杯的短视频在抖音爆火，唱火了这个湖南的小县城。早安隆回，又不仅仅是隆回。湖南这片沃土在传唱大江南北的深情歌谣里，作为人间烟火、心灵故乡隐隐浮现，各大网络平台上再度出现了一股湖南热。

说起湖南，人们一定有很多津津乐道的话题。"地尽天水合"的三千里洞庭，世界最古老书院之一的岳麓书院，沈从文笔下"浪漫与严肃，美丽与残忍，爱与怨交缚不可分"的凤凰古城……都为这块古老而神秘的土地抹上了各自的颜色。浪漫、神秘的湖南，水汽氤氲宛如另一个烟雨朦胧的江南，又有别于江南，带着与众不同的个性及复杂多变的民族文化，向我们款款走来。

到了近代，湖南又蒙上了一层新的色彩，"霸蛮"的个性为近代的湖南带来了飞速革新，保守派和革命派如群星不断在这片大地上涌现。从"无湘不成军""一群湖南人，半部近代史"，再到开国领袖的将星璀璨，这片土地始终带着"敢为天下先"的精气神，在中国历史上烙下了深深的印记。

来到现代,长沙一跃而起,成为当下国内最知名的网红城市之一。有人笑称:"小红书上的大学生,一半在重庆,一半在长沙。"作为夜经济发展的龙头,长沙以其独特的城市烟火气,结合长期以来湖南卫视为其贴上的时尚标签,始终走在网红和宜居城市的前端。伴随着新消费、新餐饮的盛行,茶颜悦色、文和友等地方个性品牌又为长沙添上了个性化的一抹亮色。现在的湖南以长沙为代表,毫无疑问戴上了烟火网红城市的光环。

如果我们将镜头拉远,可以看到湖南不仅仅只有一个长沙。长沙的网红经济目前主要带动了长株潭都市圈的发展,而对湖南其他城市的带动尚显不足。中部省份作为中国发展的中坚力量,其未来的发展非常重要。在这个城市集聚化发展已成为大趋势的时代,湖南省的发展要在长株潭都市圈同城化向多个城市集群一体化升级的基础上,实现城市与城市、集群与集群的联动发展。

在大势所趋之下,湖南只有长株潭都市圈是不够的,未来的发展需要以长株潭都市圈为核心的多个城市集群共同拉动,从而促进经济与产业的发展。城市间守望相助、共同发展,才能为整个省的发展带来大革新,引领区域走上新的台阶。

不管是地理还是人文,抑或是产业,湖南都具备得天独厚的优势和特色,未来利用好这些优势,走出一条与众不同的城市集群化发展道路是重中之重。那么,湖南的发力点又在何处?

7.1　三湘大地的"人"与"城"

湖南虽然是中部省份中的一员,但受其独特的地理格局影响,这里从古至今的文化自成特色。浪漫奔放的楚国文化起源于此,神秘多彩的少数民族文化聚集于此。三山四水的地形为这里赋予了和其他中原地区不同的文化,也赋予了湖南人的"霸蛮"性格,缔造了辉煌的历史。

7.1.1　环而不闭的三山四水之地

湖南简称"湘"。"潇湘"一词近代一般用作湘东、湘西、湘南三地区的合称,后泛指湖南全省。"潇湘"自古以来就缠绕着无数引人入胜的遐想。《山海经·中次十二经》中尧帝二女的传说,承载着帝舜故去和湘妃竹凄美传说的九嶷山,无不在当今的潇湘之地湖南。

湖南依水而生,横跨土地的四条河流为这里养育了生命,带来了城市。到如今,这里仍然深受四水的恩惠。"三湘四水"中的"四水",指的是湘江和湖南省内另外三条大河——资水、沅江和澧水。至于"三湘",虽然众说纷纭,但仍和湘水无法分割,各城市都依托"四水"而建。聚落不断扩大,城市不断兴盛,湖南由"四水"而始。

最终,湖南省的四大水系都以向心的形式注入洞庭湖。洞庭湖和长江相连,是长江重要的调蓄湖泊,与长江的命运休戚与共。这里也是文人吟诗作赋、民间神话传说中常出现的主角。《岳阳楼记》中"春和景明,波澜不惊,上下天光,一碧万顷"的名句,描绘的正是八百里洞庭的美景。唐传奇《柳毅传》中千里传书的龙女三娘的故乡也正在此。

自古以来,洞庭湖就处在中国南北航运的十字路口,是中国重要的交通枢纽,也被称为湖南联通外界的"总开关"。洞庭湖畔的岳阳是湖南唯一的临江口岸城市和环洞庭湖生态经济区的骨干城市,作为水路交通枢纽的城陵矶港开通了上溯重庆、下抵洋山的"五定班轮"航线,并连通了湘江、沅江、澧水的各条航线,建立了庞大的内河航运网络,串联起长沙、湘潭、株洲、衡阳等城市,从而将各城市连接至岳阳港和长沙港,与国际市场相连。

水是湖南形成城市、繁荣发展的源头,山则在湖南文化发展的过程中扮演了重要角色。湖南的文化虽然融合了中原文化的特征,但是明显存在着较大的区隔,这是受到湖南地形的影响所致。湖南中部和北部低平,东、南、西三面环山,武陵—雪峰山脉将湘西和湘东切割开来,南岭山脉和罗霄山脉又分别从南部和东部将湖南与外界分离,形成向北开口的马蹄形盆地。北部的洞庭湖平原水网密布,与外界勾连畅通,内部则多丘陵和小平原。

三面环山的地形让湖南形成了"环而不闭、围而未封"的格局。在交通整体不够发达的古代,湖南受技术限制,整体和外界沟通比较困难。湘西受山地的分隔,且少数民族众多,其文化和经济的发展自成一派,成就生机勃勃、质朴刚健的湘西文化;湘东则受中原文化的影响更大,更向汉文化靠拢。

两千年的中国历史,虽然诞生了无数名人名篇、历史传说,但湖南仿佛一直处于默默无闻的境地,流传的名篇也大多和贬谪有关,这也和湖南自身的地形影响不无关系。湖南的北部是一个和长江贯通的大开口,古代战争时期难以守住,一旦突破长江就可以深入腹地,这里对统治者而言缺乏安全感。古代的统治中心又在北方,湖南远离皇城,人才输出和经济发展相对落后。随着大运河的开凿,中国经济向运河倾斜,湖南在唐宋时期的声量就更小了,长期作为朝廷的贬谪、流放之域存在。

湖南又是中原王朝入黔进滇的重要通道,若要开发岭南,必然绕不开湖南这一重要区域。随着中国历史的发展,整体经济中心开始向南转移,湖南的地位开始逐步攀升。由于湖南整体区位优势以及战乱造成的人口流入,湖南的地位逐步凸显,这也是湖南从明代开始活跃在历史舞台上的重要原因。

7.1.2　历史机遇带来的兴盛

晚清曾有人评:"湖南人物罕见史传。"湖南虽然在漫长的古代历史中没有取得耀眼的发展成就,但在近代的飞跃可谓极其迅速。近代的湖南,抓住了能够腾飞的时机,站上了时代的潮头。明清的两次战火是湖南真正在中国历史上开始书写自身传奇的重要转折点。

　　明清是封建王朝的后期，一直处于世界的变革和历史的漩涡之中，而湖南的第一次巨变便始于此。明代贵州土司杨应龙起兵造反，其战火蔓延到湘西一带，但湖广巡抚鞭长莫及。这件事是两湖分家的重要源头，明朝末期两湖的税收等已经开始分开上缴。清代，鄂湘两省正式开始南北分治，偏沅巡抚移驻长沙，更名为湖南巡抚，湖广右布政使则更名为湖南布政使司。此时的鄂湘虽然共用同一总督，但湖南是具备自主权的，这为后期的湖南快速崛起埋下了伏笔。

　　随着时间推移至晚清，太平天国运动爆发。湖南在这一时期的历史舞台上大显身手，得益于曾国藩为对抗太平天国组建的团练。这批湘人以"吃得苦、耐得烦、霸得蛮、不怕死"的形象在历史上写下重重一笔。战胜太平天国后，湘军中的很多高级将领获取了更大的政治能量，开始活跃在政治舞台上，大力提拔同乡，让湖南整体的政治地位大幅度提升，真正形成了来自湖南的声音。

　　在这一大势下，湖南人在不断变革中投身于巨变的浪潮，新思想不断出现，这也是湖南人敢于争取粤汉铁路这条大商道的重要原因。粤汉铁路由官民全力配合，耗时 36 年建成，稳固了长沙作为中部城市重要商业中心的地位，并促进了湖南和江浙、京津等地的交流，为湖南的崛起打下良好的基础，沿线的株洲、岳阳、衡阳等城市都获得了快速的发展。湖南的工业崛起更与这条伟大的铁路脱不开关系。

　　粤汉铁路是湖南近代崛起的标志，它和洞庭湖的水路枢纽一样,成功串联了湖南的各个城市,最终带领三湘大地快速发展。

7.1.3 "霸蛮"托起的城市灵魂

湖南人的"霸蛮"性格,历史闻名。司马迁曾在《货殖列传》中提到"其俗剽轻,易发怒,地薄,寡于积聚",就展现了一部分湖南人刚直的性格。

湖南人性格激烈刚直,这与整个湖南的地形和城市的形成不无关联。三面环山的湖南与外界交流困难,导致内部少数民族聚居。而随着汉人迁入,在潇湘大地开疆拓土、建立城市,原住民和汉人开拓和保守的价值观在此交锋,又在此不断融合。血缘的纽带连接双方,强悍血性的精神也随着城市的建立和融合传承下来,成为湖南人矛盾而迷人的"霸蛮"性格之源。

但湖南人的"霸蛮",又不是单纯的刚硬,而是一种不怕邪的坚韧不拔、刚直果敢之气。"无湘不成军。"近代历史上蜂拥而至的湘人像时代的浪花,翻涌成大浪,不断推动着历史的舟楫前进。

蔡元培曾说过:"湖南人性质沉毅,守旧固然守得很凶,趋新也趋得很急。"有趣的是,湖南人骨子里带有守旧的气息,如曾国藩对于太平天国与儒家文化冲突内容的声讨,省内曾极力反对建造轮船、担心外国人入境等。曾国藩去世时灵柩由轮船运抵长沙,甚至遭到当地官绅的大力反对,抵制轮船进入。

随着时局的快速更新,变革之门在湖南人的面前快速打开,湖南人也凭借着骨子里的"霸蛮"性格抓住了这次机遇。保守和激进在这片土地上碰撞,发出了耀眼的光辉。这也是近代湖南名人辈出并快速走向世界的原因。谭嗣同"去留肝胆两昆仑"的豪迈,宋教仁"家国嗟何在,乾坤渺一身"的忧郁,以及毛泽东、彭德怀、刘少奇等数不胜数的将星的诞生,也正是湖南人血性肝胆、胸怀天下的写照。

湖南人的霸蛮不仅在历史上写下了新的篇章,更为湖南的城市发展带来了新风。长沙夜晚的霓虹灯彩展现了湖南人骨子里的娱乐精神和市井烟火气,为"霸蛮"加上了新的注释,也是长沙人重感情、重生活精神的体现;株洲这座诞生在湘江畔的城市,作为全国第二大火车枢纽和高科技工业基地,成为湖南省开放、先进的象征,正是湖南"吃得苦"精神的重要体现;湘潭是全国的革命老区,革命精神深入人心,"耐得烦、霸得蛮"跃然眼前……

人与城市,互为表里,相互依存。现在的湖南的城市更像是现代人理想乡的精神象征,它们是娱乐之都,是市井中扬起的炊烟,也是人们追逐梦想和休闲放松的精神故里。这些城市被外乡人津津乐道的基底,正是湖南人跟得上时代、开辟新道路的"霸蛮"精神的体现。这份渗进骨子里的"霸蛮"自带一股侠气,不管是在风雨飘摇的动乱年代,还是新中国成立后轰轰烈烈的全国奋进之时,均引领湖南人走在历史的潮头,为时代留下一个个难以磨灭的脚印。网红城市的名片、新消费品牌的涌现、工业高地的新征程……这些都是湖南人为城市和湖南精神带来的新注解。

7.2 从长株潭到多点开花的城市发展

近代以来,湖南发展迅速,且取得了肉眼可见的长足进步。相比过去,当今的湖南以其网红性质和文化为人所熟知,成为中国人心中城市文化的代表之一。在这个发展过程中,湖南的城市扮演了举足轻重的角色。那么,湖南的城市发展进程又是怎样的呢?

7.2.1 长株潭一体化

长沙、株洲、湘潭三座城市坐落于湘江边,处于湘江汇入洞庭湖的两大道弯上。三座城市在历史上就分分合合。到了现代,长株潭一体化已经成为发展的大趋势。

长株潭一体化的概念在 20 世纪 50 年代就提出来了,到了 80 年代,长株潭一体化成为一个被正式讨论的概念。20 世纪 80 年代初,改革开放的浪潮从特区开始向内陆涌来。湖南受到改革新风的影响,开始寻求自身出路。当时的湖南省会长沙从综合经济实力来说,排在全国 30 位之后,整体难以承担带动全省发展的经济中心重任。此时,长沙、株洲、湘潭作为距离相近、空间交叠的城市,其一体化发展被提上讨论的日程。长株潭三城不论是历史上的交会、交通上的串联,还是经济及产业的发展,都具备能够一体化,形成特大城市综合体的条件。长株潭一体化协同发力,可以形成带动全省经济快速发展的大型经济中心。

1982年12月,"长株潭经济区"以提案的形式在湖南省政协六届四次会议上被提出,旨在全面发展三市空间和历史优势的基础上实现一体化发展,从而构建湖南省的经济增长极,带动全省发展。该建议受到国家的重视。湖南省于1984年正式提出建设长株潭经济区方案,"长株潭一体化"迈上了探索和实践结合的新征程。

到了20世纪90年代,长株潭一体化的战略开始不断上升高度。从1996年的"长株潭经济区发展研讨会",到1997年长株潭一体化发展战略的实施,湖南经历了都市圈探索发展的艰辛之路,由最初的长沙市多功能综合区,放大到长株潭都市圈带动湖南经济发展。在这个过程中,湖南的发展经历了历史性的跨越。

在发展战略确定后,长株潭三城开始了一体化的进程。从区域规划体系到金融、交通信息、通信、环保等网络体系的规划统一,再到产业结构的统一和城区环境的建设,长株潭三座城市坚定地走在一体化的道路上。2005年8月,《长株潭城市群区域规划》下发,要求政府各单位加快推进长株潭经济一体化进程,标志着长株潭都市圈已经完成了计划的启动阶段。2007年,长株潭都市圈获批两型社会综合配套改革试验区。"十三五"时期,长株潭三市建立了一体化发展联席会议制度,并由三市的市委书记轮任会长,全面保障长株潭一体化快速推进。

长株潭一体化也面临着一定的问题。时至今日,长株潭已经走过近40年的发展之路,但目前距离都市圈的发展尚有一定的距离。虽然长株潭三城目前已经建成城际铁路,但资源要素流通还不够通畅。长沙在三城中占据"老大哥"的位置,且具备巨大的吸引力,势必会对其他两城发展造成虹吸效应。从当下的湖南省各城市 GDP 也可以看出,长沙市独占鳌头,而湘潭、株洲远远落后。未来如何协调三城之间的发展关系、保障三城的发展优势,也是要考虑的重要课题。

　　"十四五"是长株潭突破发展瓶颈期的重大战略节点。"十四五"期间,长株潭开始向更高水平的一体化迈进。《长株潭一体化发展五年行动计划(2021—2025 年)》中进一步明确了长株潭未来 5 年的规划,在"规划同图、设施同网、三市同城、市场同治、产业同兴、生态同建、创新同为、开放同步、平台同体、服务同享"这"十同"上下功夫,最终实现长株潭全面一体化发展。

　　2022 年 4 月,湖南省人民政府正式印发《长株潭都市圈发展规划》。这是国家发展改革委批复的第 4 个都市圈规划,也是指导未来长株潭发展的纲领。该规划提出,要在 2035 年实现长株潭同城化发展格局全面形成的目标。这要求长株潭不仅要在硬件设施上做到三城联动,还要在城市之间的沟通和软实力上形成协同的网络系统(见图 7 - 1)。正因如此,《长株潭都市

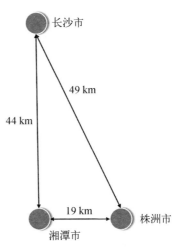

图 7 - 1　长株潭三城之
间交通距离

圈发展规划》在长株潭城乡发展、基础设施互通及三城产业之间的分合联动上做了相关规划,也在三市的环境、文化、医疗上有着大动作。长株潭生态绿心的共同建设,三市看病就医等公共服务共享,正是规划指导下的新气象。

长株潭都市圈的建设,标志着湖南省大型经济增长极的出现。长株潭都市圈使湖南中部产生了聚合效应。3座城市的人口总和能够比肩成都和武汉,从而在中部再造一个大型都市圈。从经济层面上来看,湖南是工程机械产业的高地,而长株潭的机械产业总产值就占全省的70%。三地做好产业分工,利用中南大学、湖南大学等优质产学资源,未来能够构建互相支持、共同发展的产业链,从而实现对全省的辐射。

7.2.2 从"五区一廊"到"3+5"城市群

长株潭作为湖南省城市群的战略规划中心,毫无疑问未来将承担起引领全省发展的重要任务。但湖南省其他城市也并非一盘散沙。从20世纪至今,湖南省的战略规划都在不断引领城市的发展(见图7-2)。

"五区一廊"战略于1992年提出,使长株潭与周边城市形成区域串联,以湖南5个地级市及其形成的经济走廊打造城市群。该战略以岳阳、长沙、株洲、湘潭以及衡阳作为"五区",将其下属的25个县市划入经济走廊范围内,占据湖南全省面积的27.7%。《湖南省"五区一廊"经济社会发展规划》对"五区一廊"寄予厚望,要求该区域在改革开放上做到全省的跨越性突破,从而实现对全省城市的辐射,引领湖南城市的大发展。

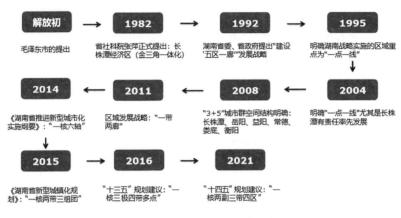

图 7－2　湖南省城市发展战略变迁

"五区一廊"战略作为湖南省首个将长株潭都市圈扩大化的战略,是湖南省后续城市集群发展的基础。"一点一线"战略、"'十一五'区域发展战略"等都是在此基础上进行延展,以铁路、公路等为媒介将湖南省城市群辐射能力扩大。随着城市群的概念不断成熟,2008 年,"3+5"城市群空间发展战略出台,网络化的城市群和扇形发展模式成为未来的发展方向,也成为后续湖南城市群发展的主脉络。

湖南城市群的规划以"3+5"城市群为方向,以长株潭都市圈为基点,向周边城市辐射,带动城市群整体发展。其中,"一核"指的就是长株潭都市圈。长株潭不管是在当前的城市群发展体系,还是在后续拓展的"一带两廊""一核六轴""一核两带三组团"中,始终作为湖南城市群发展的重要核心区,引领全省经济、文化的快速发展。而环长株潭的岳阳、衡阳、常德、娄底、益阳 5 座城市,均位于距长株潭核心区 100 公里左右的外围圈,且地处湖南的京广、沪昆、渝长厦 3 条高铁上,既能够快速承接长株潭的板块外溢效应,又能够以高铁为经济纽带兼顾东西,加快湖南城市发展的步伐。

"十四五"时期,"3+5"环长株潭城市群发展已经成为未来湖南省的主要城市布局战略。多个经济走廊的形成,各城市之间紧密连接,功能上分工合作,不断将长株潭的优势向外拓展,从而加强与外部板块的协同合作,带动湖南省城市群的大幅度跃升。

7.2.3　从都市圈到深度集群发展

湖南长沙作为享誉全国的"娱乐之都",是一座时尚且具有包容性的城市。从湖南卫视撑起娱乐圈的半壁江山,到今天无数网红品牌遍地开花,长沙始终是新消费和新时尚的高地。

长沙在互联网上的火爆确实是湖南的骄傲,也是湖南在文旅产业取得后续发展的重要突破点。但长沙的网红效应来源于服务业的发达和生活的便利,这必定会产生对株洲和湘潭的虹吸。服务业对人群就业的拉动效应实际很低,长沙的产业结构相对又单一,导致很多人难以留住,来了反而难以创造更大的价值,最终不得不黯然离去。

从长沙向外延展,带动一个城市群发展的绝不仅仅是发达的服务业,而应该更多着眼于实业。实业的发展才能更好地带动产业的升级和就业,从而引进更多高端人才,推动城市群的产业向高端化、集聚化迈进。这样,长沙、长株潭才能成为湘东、湖南发展的向心地,更好地带动整个城市群的发

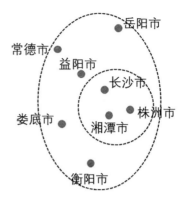

图 7 - 3 湖南"3+5"城市群战略布局

展,真正发挥"3+5"城市群的带动作用(见图 7 - 3)。

因此,长株潭的发展不仅仅是都市圈的建设,而应该做到从空间区位到产业和文化多层次、多角度的融合,做到深度融城。只有长株潭地区做到产业和文化双开花、服务业和制造业齐发展,才能做到带动湖南城市的共同繁荣。

深度融城已经是长株潭未来发展的大趋势。不管是基础设施建设的一体化,还是产业、科技、文化发展的一体化,长株潭从"一小时经济圈""一小时通勤圈"等不同方向,以及多个公共科技平台来不断加固加深内部融城的程度。虽然三城的融合尚待进一步加强,但未来可期。未来的长株潭需要进一步加强就业平台、科研平台的建设,提升"3+5"城市群规划中核心力量的重要性和带动性。未来将长株潭的优势扩散下去,湖南城市群的快速发展指日可待。

7.3 长株潭都市圈的战略升级和聚焦突围

《长株潭都市圈发展规划》的公布,让我们看到一盏引领湖南省发展的明灯在缓缓亮起。长株潭都市圈作为国家发展改革委批复的第四个都市圈规划,未来将作为国家级发展战略不断落地实施。不管是"一小时通勤圈"的建设,还是产业集群的聚合发力,长株潭都市圈不断加速一体化的进程,即将成为中部城市具有引领性的都市圈标杆。

7.3.1 三城交会的地理空间布局

提到长株潭,大家必定会想到湘江。湘江贯穿湖南南北,可谓湖南的母亲河。长株潭三城正位于湘江流域,并由湘江串联。在湘江即将汇入洞庭湖流域时形成的两个大弯中,长株潭 3 座城市坐落其间,两两相距 30~50 公里,且呈"品"字形分布。

长株潭三者在空间上相互交叠自古有之。隋朝以前,长株潭三城都在长沙郡的管辖下。在历史发展的进程中,株洲和湘潭之间分分合合,而湘潭甚至凭借自身位于广州和内地之间的区位优势,一度成为南北沟通的桥梁城市,其繁华程度甚至曾超越长沙。在新中国成立后,株洲从湘潭划出并成为重点工业城市。今天的长株潭格局至此形成。在漫长的历史发展中,长株潭 3 座城市不管是历史传承,还是地理结构和经济发展,都难以分割,可以说早已具备融城的基础。这正是长株潭都市圈如今快速发展的优势所在。

　　虽然长株潭三城之间联系如此紧密，但三城交会的核心地带有着地跨三市、面积达 500 平方公里的生态缓冲区，即长株潭"绿心"。绿心曾经一定程度上阻碍了三城从空间上融为一体，但是经过规划改造，这里已经作为中央生态公园逐步实现全域管控。随着长株潭"三干、两轨、四连线"的建设，交通轨道作为黏合剂让三城之间的联系越发紧密，长株潭之间的空间距离已经越来越短。未来的长株潭将从空间层面上成为一体，不断向外拓展自身影响力。

7.3.2　产业融合发展的新高地

　　工程机械产业是湖南打造的重要经济增长极。长株潭的工程机械产业是具备一定基础的。不管是 1978 年成立的长沙建机院，还是 1984 年组建的浦沅工程机械总厂，乃至当时由汉阳兵工厂发展而来的江麓机电集团，都是长沙乃至湖南发展工程机械产业的重要基础。长株潭还具备水陆优异的交通区位，中南大学、长沙理工大学都在此，正契合工程机械人才的培养。因此，湖南政府开始大力发展工程机械产业。从 1996 年湖南省"九五"计划开始，再到 2002 年的《长株潭一体化产业发展规划》，都对工程机械产业进行了重点规划，长沙也在 2008 年提出了"工程机械产业之都"的远大目标。

在这之后,湖南的工程机械产业迎来了大爆发。随着三一重工、中联重工、铁建重工、山河智能等大型企业的建设,湖南长沙已经成为拥有 4 家工程机械产业世界 50 强企业的产业之都,在这个以欧美、日本为主导的产业中发出了自己的声音。

随着"一带一路"倡议的实施,湖南的工程机械企业也不甘落后,纷纷响应,开始了走向国际化之路,大力开拓海外市场。目前湖南的工程机械产品已经远销至 160 个国家和地区,甚至远销到美国、日本等机械强国。

在"一带一路"倡议的引领下,湖南的龙头企业发挥了无可比拟的作用,同步推进国际化战略,构建全球化的制造、销售和服务网络。中联重科在"一带一路"沿线设立子公司和工业园区,便于后续企业的市场开发;三一重工积极寻求国际合作,不仅在海外布局多个产业园,还在亚太、印度等海上丝绸之路沿线进行产业布局,并通过并购、合资等方式实现和国外业界龙头的强强联合,进一步扩大中国的影响力。

湖南的工程机械产业可以说在中国乃至世界的发展中,扮演着举足轻重的角色,并始终积极向前,为中国品牌的扬帆出海贡献自身的力量。

虽然湖南的工程机械产业发展得如火如荼,但是整体对湖南各大城市的带动作用似乎并没有那么显著。这又是为什么呢?

湖南的工程机械产业在全国产业中的产值份额占比高达 26%,仅长沙一市,就占据了整个湖南产值的 70%。可以说,整个湖南在工程机械产业中的重点发力点就位于长沙,而目前主打整机生产的城市如益阳、常德、湘潭等,大多都承接长沙的产业外溢,发展水平远逊于长沙。

虽然长株潭的工程机械产业发展得不错,但产业集群的外部空间和配套能力还远远不足。尽管《关于深入实施"三高四新"战略全面推进长株潭重大产业协同发展的意见》已经明确了"湘潭、株洲在钢材、新材料、电机、电控、电传动等基础材料和制造领域的优势,重点发展工程机械用关键原材料、高强度结构件、精密铸锻件、折弯件、焊接件等产品",但大多数工程机械整机企业生产的核心零部件都来自湖南省外,供应商遍布全国。这表明,湖南城市群的内部没有做到对整体产业集聚化的串联,产业的供应链没有实现贯通,这是不利于湖南各城市间互相带动连通的。

因此,湖南工程机械产业的发展需要一个能够贯通内外、兼顾左右、打响上下的重要品牌 IP。只有通过这一连接点,湖南才能让工程机械产业发展找到未来的脉络和方向,以核心优势区——长株潭为基础发力,真正贯通各城市之间的发展。那么,这个 IP到底是什么呢? 毫无疑问,正是湘江。

长株潭毗邻湘江新区,无论是产业发展前景、体量还是带动作用,在湖南省内可以说都是可圈可点的,也是未来必定会持续发展的重要爆破点和路径,是湖南城市群产业发展的核心地区。湘江贯通南北,串联衡阳、永州、长株潭等湘南、湘东核心地区,且汇入洞庭湖，正可以以此为基础带动岳阳、常德，向下贯穿湘南，成为产业发展的核心集聚区和产业走廊。长株潭作为湘江流域的核心，也是湖南工程机械产业的高地，未来可以通过湘江贯穿整个产业，将自身影响力不断向外拓展，带动周边城市的产业发展。

在明确了将湘江作为贯穿湖南中部城市群发展的重要产业脉络后，我们会发现，在产业集聚于长株潭尤其是长沙的基础上，未来湖南工程机械产业想要进一步发展升级，一定要发挥产业扩散和溢出效应。湖南城市群需要一个能够成为产业升级风向标的核心区，以此作为产业高端技术集聚区，带动"3+5"城市群的产业升级。这时，我们的目光就会移向湘江新区这个坐落在湘江畔的国家级新区。湖南湘江新区位于湘江西岸，包括长沙市岳麓区、望城区和宁乡市东部，是国务院批准建立的国家级新区。但是湘江新区自建立以来，似乎声量不大。这又是为什么？

湘江新区成立于 2015 年，是我国第 12 个国家级新区。但在发声声量上似乎难以超越其他国家级新区。从网络指数中可以发现，湘江新区不管在传统互联网，还是新兴互联网中的指数，均处于国家级新区大军中的后半段（见表 7 - 1）。总结下来，有以下 3 个症结点。

其一，一个核心品牌。湘江新区作为国家级新区，却一直以"湖南湘江新区"这六个字命名。以湖南作为前缀，会给人一种"这是省级新区"之感，难以凸显自身的优势资源。

　　其二,一个强大的组织。国家级新区的配置最高是副省级,大部分是地厅级职权。但湘江新区在很长一段时间内,与长沙下辖的岳麓区共用一套领导班子,却打出了两块牌子。这种组织架构很难保障国家级新区的运营体制。

　　其三,一个主导产业。长沙和湖南在全国已经叫响了工程机械产业的牌子,湘江新区却没有紧跟这一步伐,乘胜追击叫响全球,而是转头向"5+4+7+1"共十七大产业努力,以此为基础打造产业集群。前期的湘江新区依赖于房地产开发,但房地产市场目前处于下行阶段,后继乏力,在高端装备制造业等湖南优势产业上,缺乏龙头企业的进驻,整体产业集聚度不高,企业质量偏低,缺乏差异化的发展。

表 7 - 1　19 个国家级新区网络声量指数对比

国家级新区	百度网数	百度资讯（篇数）	百度指数（日均值）	百度移动指数（日均值）	微信指数	头条指数（平均值）	抖音指数（平均值）
浦东新区	10 000 万	142	974	724	1 325 万	2 726	6 856
滨海新区	10 000 万	135	812	586	163 万	2 730	1.0 万
两江新区	10 000 万	156	491	305	343 万	919	1 850
舟山群岛新区	1 360 万	120	82	40	1 060	3	37
兰州新区	7 270 万	101	668	466	325 万	4 661	1.3 万

续　表

国家级新区	百度网数	百度资讯（篇数）	百度指数（日均值）	百度移动指数（日均值）	微信指数	头条指数（平均值）	抖音指数（平均值）
南沙新区	1 820 万	116	127	72	2 万	7	8
西咸新区	6 110 万	81	946	612	159 万	2 243	2 989
贵安新区	4 100 万	105	621	425	79 万	721	3 035
西海岸新区	4 950 万	94	342	214	220 万	410	1 011
金普新区	4 020 万	65	294	168	108 万	554	931
天府新区	10 000 万	86	1 040	709	1 850 万	5 110	1.5 万
湘江新区	3 270 万	102	474	271	50 万	598	515
江北新区	9 620 万	98	448	244	875 万	1 295	2 026
福州新区	3 120 万	118	187	106	12 万	72	105
滇中新区	983 万	117	207	121	2 万	142	110
哈尔滨新区	6 310 万	94	190	110	21 万	498	309
长春新区	3 650 万	81	235	123	54 万	182	691
赣江新区	2 290 万	88	343	207	18 万	248	493
雄安新区	9 500 万	203	2 992	2 090	685 万	1.7 万	2.0 万

注：数据获取时间为 2023 年 9 月 25 日，百度指数测量区间为 2023 年 8 月 25 日—2023 年 9 月 23 日。

　　说完了症结,那么湘江新区的优势又在哪里?

　　湘江新区最大的优势,就在于所处的区位。未来湖南产业升级的核心和脉络在于湘江。湘江贯穿湘东大地,正是能串联起整个湖南产业的重要 IP,湘江新区可以此为基础坐稳产业的核心地位。湘江新区又地处长株潭,能够承接长株潭的高新技术产业转移,成为地区的创新高地和装备机械产业的科研阵地。此外,湘江新区从名称上能够直接引出湖南,能够从称呼上和湖南省形成湖湘联动。可以预测,如果成功做大、打响湘江新区品牌,未来的长株潭工程机械产业将实现进一步的飞跃,进而带动全省相关产业的发展。

　　湘江新区近年来也在不断发展,逐步转型。不管是湘江新区范围的重新界定,还是主打的湘江金融发展峰会,都在不断推动湘江新区向前迈进。未来的湘江新区,应当做好"三个一"品牌顶层设计。首先,要完善自身的战略地位架构,对领导班子进行升级;其次,要做到与长株潭的产业互相呼应,承接产业的转移;最后,要大幅度引入装备机械产业和高新技术企业,打造产业技术高地,反向带动长株潭乃至整体湖南的产业发展。做好这"三个一"品牌顶层设计,随着后续金融、服务、管理的逐步跟进,湘江新区必将成为长株潭的重要经济增长极和产业发展高地,引领全省的经济发展。

　　未来的长株潭作为工程机械产业的核心,以湘江贯穿湘东,以湘江新区作为产业发展的风向标,以老牌工业基地衡阳和岳阳两大副中心作为辅助,完全可以带动整个湖南城市南北工程机械产业的发展,引领湘东产业整体向前跃进、突破瓶颈。

7.3.3　网红文旅奏响文化凯歌

说到湖南的城市,多数人的第一反应一定是长沙。长沙这座城市具有强烈的网红基因和特色,中国人的烟火气在这座城市体现得淋漓尽致。

客观来讲,湖南的各个城市都具备成为网红城市的潜质。不管是湘潭的红色文化和名人 IP,岳阳的洞庭湖和岳阳楼,衡阳的衡山,还是湘西的张家界、凤凰,都是优秀的城市名片。但是不管在宣传上,还是城市品牌的打造上,这些城市都没有真正形成像长沙一样的体系化品牌。这也让长沙的网红声量逐步扩大,最终成为湖南城市文化的代表。

长沙的超强知名度对湖南来说是好事,但会同时弱化人们对湖南其他城市的印象。四川多年来集中力量打造成都,成都也不负众望成为网红城市和众多旅客的打卡地。但成都的红火表象下,并没有完全带动四川其他城市的发展。再看重庆、西安这些城市,同样是具备一定的网络知名度,但是它们的标签又不仅仅是网红,而是有着浓厚的文化色泽。

湖南的文化和产业资源星罗棋布,能够为后续的城市品牌打造提供源源不断的动力。但网红名片也给湖南的产业声量造成了一定压力,导致湖南的产业声量较弱,乃至当地人也觉得似乎只有几个大型国企,而忽略了地方的产业实力。

我们把镜头再聚焦到长沙这座城市。长沙毫无疑问是新消费品牌的天堂,诞生了文和友、茶颜悦色等知名网红品牌。长沙人爱吃爱玩的性格,也为这里提供了较强的消费动力,让很多新品牌首选长沙作为试验田。但是这些在本土火热的新消费品牌,离开这片土壤后能活得好、活得长的又有多少?

由此可见,将"网红"作为一个城市的标签并非长久之计。长沙乃至长株潭,不能仅仅以网红作为自己的代名词。但是网红又能带来一定的资源。这不仅代表着长沙在互联网上的知名度,也为未来湖湘文化的走出去打下了良好的基础。好奇带来了解的动力。当人们对长沙产生好奇的时候,也正是宣扬博大精深的湖湘文化的绝佳时机。长株潭作为人们了解湖南的第一站,此时正要做大做强文化品牌,不管是穿城而过的古老湘江,还是屹立千年的岳麓书院,都是湘文化的知名 IP。长株潭以网红为起点,以文化为桥梁,湖南的湘文化正奏响文化凯歌。

7.3.4　以"3+5"为主导的城市集群

长株潭都市圈是未来湖南产业、文化发展的核心。不管是网红文化的火爆,还是工程机械产业的快速拉升,未来都将以长株潭都市圈作为主导。"3+5"湖南城市群毫无疑问是在长株潭都市圈基础上提出的。自"十四五"以来,不管是湖南省的规划,还是一系列招标文件,都在不断强调"3+5"湖南城市群的概念。

　　这是湖南省一次大胆的尝试,是将"长株潭"概念扩大化,让湘东各大城市迅速绑定,成为城市集群的战略方向。该概念以长株潭为中心城市,以一个半小时通勤为半径,将岳阳、常德、益阳、娄底、衡阳 5 个城市涵盖在内,最终形成城市群。长株潭的城际铁路作为内网,实现长株潭三城的客流顺畅通行,外网则通过高速铁路实现串联,保障城市之间的交通便捷性(见图 7 - 4)。

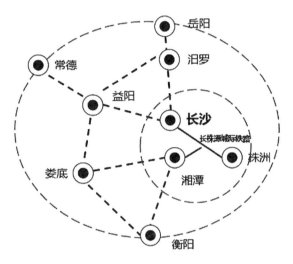

图 7 - 4　"3+5"湖南城市群交通示意图

　　在"十四五"规划中,长株潭都市圈实际上已经逐步代替了此前的长株潭城市群的概念。长株潭的加速融城,实际上代表了以长沙为中心的都市圈建设逐步完善。未来长株潭都市圈和湖南城市群的概念将同时存在,以"3+5"为范围的湖南城市群模式已经提上建设的日程。随着周边城市与长株潭之间的关系越发紧密,原有以长株潭为核心发展的文化和产业规模会以指数级增量不断扩大。未来湖南以城市群模式为主导的发展,必将引领湖南各城市再攀高峰。

7.4　长株潭都市圈引爆湖湘大地

长株潭都市圈是湖南城市群发展的重大战略方向,是全国城市群和都市圈建设的先行者,也是湖南未来重要的产业增长极和发力点。以长株潭都市圈为中心,湖南的城市群战略开始向外延展,以“3+5”城市群为主导的城市群模式登上湖南城市发展的舞台。

长株潭都市圈战略本质上是经济的一体化战略。湖北武汉将汉口、武昌、汉阳三座城市进行合并,才出现了现在独一无二的强省会大武汉,走出了成功的省会一体化战略。有此珠玉在前,很多人都认为长株潭未来也会走上和武汉一样的合并之路,形成一个全新的大省会。

与武汉的全一体化不同,长株潭三市并未走上行政的合并之路,其一体化更倾向于经济的一体化。长株潭本身是名副其实的制造业重地,工业机械产业在此集聚,不管是历史、文化还是产业上,三城都形成了紧密的联系,经济一体化有着强大的基础。交通则为长株潭一体化的推进做好了串联。长株潭三城都有交通枢纽城市的基础,水陆交通兼备,随着城际轨道的建设,三座城市已经形成了充分的串联，一体化的进程在逐步推进。

随着一体化战略的完善，以长株潭都市圈为代表的发展模式已经一步步形成，并在扩大的过程中。长株潭经济产业的一体化为湖南各城市的串联确立了标杆和方向。"3+5"城市群战略也是以长株潭为基础，将其多维度影响力进行拓展，带动外围岳阳、常德、益阳、娄底、衡阳5个城市的发展。在长株潭都市圈和城市群的基础上，"一竖二横"放射加半圆形网络构架正在构建，未来5个城市将通过城际铁路和长株潭牢牢链接在一起，形成一个大规模城市群。

大型城市群在发展的过程中，各城市之间的位置、资源等必然会有一定的差异。那么，除了作为城市群发展领航员的核心城市群以外，前期能够沟通内外、作为发展支点和副中心城市非常重要。这个发展模式在全国都有迹可循，不论是湖北的襄阳、宜昌，还是河南的洛阳、南阳，都采取了这样的战略。湖南城市群战略成功地在不同城市之间建立了关联，随着这种关联范围的扩大，扩大城市群的影响力和范围也需要其他城市的融入。岳阳和衡阳正是上上之选。岳阳和衡阳一北一南，其GDP在湖南省居前五，产业和经济实力雄厚。这两座城市不仅是重要的交通枢纽城市，更受区位影响，能够承接更多的外部板块资源，成为湖南省发展的重要支点。

在长株潭三座城市形成合力的基础上，湖南两大副中心岳阳和衡阳也将成为湖南城市群发展的先锋，引领湖湘大地走向全新的征程。

7.4.1　长沙：超级网红城市和全球工程机械之都

在夜晚的长沙步行街上漫步，喝上一杯茶颜悦色，逛逛有"中国美食迪士尼"之称的文和友，周边美食店铺和网红线下店的霓虹灯光层层叠叠，网红经济和夜消费在整座城市交织出人间烟火。这似乎已经成为年轻人对长沙这座时尚城市的第一印象。

21 世纪经济报道、21 财经客户端、21 世纪创新资本研究院、腾讯云联合推出的《中国潮经济·2021 网红城市百强榜》上，长沙赫然在榜，而在小红书发布的《2022 年热门宜居城市 TOP20》中，长沙力压群雄，高居榜首之位。这代表着长沙已经不仅仅是一座活在短视频、网络软文里的城市了（见图 7 - 5）。不仅是在城市的美食、景观方面，而且在城市的基础建设和生活便利性上，长沙得到越来越多的年轻人的认同。

在这股势头的加持下，长沙的 GDP 水涨船高，从 2015 年的 0.85 万亿元上涨至 2022 年的 1.4 万亿元。早在 2017 年，长沙就已经成为万亿俱乐部的成员，成为中国经济增长最快的城市之一。经济增长带来了人口的增加。长沙市人口总数从 2015 年的 828.3 万人上升至 2021 年的 1 023.9 万人，相较第七次人口普查的 1 004.79 万人，增加了 19.11 万人，人口增量仅次于武汉、成都、杭州。"好吃、好玩、接地气"已经成为长沙的表层意象，在表层之下,长沙内在的经济、产业、文化已为当下年轻群体所熟知,并逐步转化为城市快速发展的驱动力。

图 7－5　长沙热词云

"网红"的标签并非如此容易打响,城市的腾飞也并非一蹴而就。长沙地处中国中部,坐拥洞庭山水,以此为原点的两小时交通圈涵盖了中国东南部的大中型城市。在长株潭轨道交通和高铁的支持下,长沙成为中短途旅游的最佳地点。地理位置的加持加上丰富的旅游资源,长沙很难不成为"网红"。

事实上,长沙不仅有着"柔"的一面,它刚性的一面也在快速发展。长沙是中国最重要的工程机械产业中心之一,全球 50 强企业有 4 家在此。自 2012 年起,长沙的工程机械产业奋起前行,不断突破,形成了如今的产业高地。目前长沙的工程机械产业主要生产 12 大类、100 多个小类、400 多个型号规格的产品,产品品种占全国工程机械品种的 70%。不管是长沙互联网的崛起以及数字经济的超规模增长,还是中国(长沙)智能制造峰会的举办,都说明这里是国际一流的产业"智造"中心。2022 年,长沙规模以上工业增加值比上年增长 8.3%,其中,高新技术产业增加值为 4 130.30 亿元,增长了 11.0%。同年,武汉、成都、郑州的规模以上工业增加值分别比上年增加 5%、5.6%、3.5%。此外,截至 2021 年,长沙工程机械规模以上企业总产值约为 2 900 亿元,同比增长 16%,产业规模连续 12 年居全国第一①。长沙能取得这样的好成绩,正是整个产业链所有企业抓住时机、快速升级的结果。

长沙的发展如火如荼,但是仅仅靠长沙一城,是难以快速增强其外溢效应、拉动全省发展的。长株潭一体化战略正是以长沙为中心的重要都市圈战略。"千古百业兴,先行在交通。"长株潭城际轨道交通西环线与长沙地铁 3 号线贯通运营,成功实现了城际贯通。随着长沙机场、长株潭高速大环线、宁韶高速的不断建成,完备的融城线将建成;配合长沙在南部融城片区的建设,长株潭已经成为以长沙强省会为主导的三城一体。

然而,相较其他城市,长沙的产业尚有巨大的提升空间。2022 年,长沙的上市企业总数达到了 56 家,但广泛分布于医药、环保、

①　长沙市统计局.2022 年长沙规模以上工业实现较快增长[EB/OL].(2023 - 03 - 09)[2023 - 11 - 01].http://www.changsha.gov.cn/szf/ztzl/sjfb/tjfx/202303/t20230309_11025703.html?eqid=c849f29300073dad000000066475903e.

电商、传媒等多个行业,工程机械行业的上市公司主要集中在老牌国企,产业整体发展格局相对分散。反观成都、武汉,其上市企业集中于新兴产业的新能源、芯片、半导体等,产业发展格局较为高端,成为产业升级和产业链发展的巨大动力。

长沙的文化产业也面临着挑战。曾经的长沙是全国娱乐业的龙头,现在的长沙也在品牌经济、网红经济的加持下成为时下热点。但以湖南台为首的影视已不再是一家独大,而文化产业结构以传统批发零售、制造为主,中小企业居多,在新兴的互联网等领域缺乏领军龙头。2020 年,湖南规模以上文化企业有 3 633 家,但户均营业收入仅有 9 224.45 万元,仅占全国平均水平的 56.9%①。文化产业整体面临升级的挑战。

城市之间竞争的核心在于城市品牌的打造。这不仅仅是城市对外展现自我的名片,也是城市实现未来打造产业、引进企业的重要传声筒。长沙的关键正在于此。不管是城市品牌,还是产业品牌、园区品牌、企业品牌,只有四者实现有机结合,城市才能更上一层楼。

首先,长沙当前已经打造了"网红"这张城市名片,但是网红并不是长沙的全部,长沙的底蕴还有待进一步挖掘。因此,在打造城市名片时,要做到将"网红"这张牌升级,成为一种生活方式,乃

① 湖南省人民政府网站.2019 年湖南规模以上文化产业营业收入企稳回升[EB/OL].(2020 - 03 - 02)[2023 - 11 - 01]. http://hunan.gov.cn/hnszf/zfsj/sjfx/202003/t20200302 _ 11195803.html.

至城市人本价值取向的代表。

其次,就是城市品牌、产业品牌、园区品牌、企业品牌的有机结合。"四品"合一才能真正做好企业的底层运营,成为城市发展的另一张名片,为城市发展提供源源不断的动力。长沙的代表性产业即工程机械产业。在园区品牌上,湘江新区将成为长沙乃至湖南工程机械发展不可或缺的力量。长沙在整个湖南省的工程机械产业中占据着不容忽视的位置。随着产业升级,长沙的低端产业将迎来转移。以湘江新区作为载体实现长沙区域产业的转移和升级,并以此为基础做好"四品"贯通,未来长沙会迎来更广阔的上升空间。这也要求长沙未来在长株潭内部的作用不能只是虹吸,而应该做好产业链分工,进而做好三城的领军人。

长株潭内部要做好产业分工,形成良好的产业链生态。长沙作为龙头老大,研发、科创等优质产业发展方向正是其未来的重点。湘江新区作为国家级新区,正是一个绝佳的着眼点和发力点。未来湘江新区作为湖南高端产业的转移地和集聚区,势必能够带动整个长株潭的发展。未来的长沙,必将通过强省会的形象,引领全省产业和经济的发展。

7.4.2　株洲:轨道交通动力装备之城

"火车拖来的城市"形容的正是株洲。虽然株洲在漫长的历史上并没有浓墨重彩的光影,但是这座曾经只有 7 000 人的小镇抓住了新中国成立后第一批修建铁路的机会,以唯一的地级市身份成功跻身铁路一级枢纽城市之一。沪昆线和京广线在此交会,株洲在中国工业井喷发展时期,凭借自身的区位优势和周边的原材料产地优势,获得了巨大的发展,轨道交通装备也成为这里的主导产业。

事实上,从新中国成立之后直到长株潭崛起导致产业向长沙转移之前,株洲一直是湖南的工业中心,也是中国电力机车发展的摇篮。株洲市轨道交通装备集群、中小航空发动机集群是国家级先进制造业产业集群。株洲的轨道交通装备集群产业规模达千亿元,集聚上下游企业近 400 家,本地综合配套率超过 80%,产业聚集度居全球第一。株洲又是新中国第一台航空发动机的诞生地。这里构建了国内最完整的中小航空发动机研发设计、试验验证和生产制造体系,不仅集聚了国内的骨干级企业,更是全国唯一的特色产业基地。

株洲的产业资源也颇为雄厚,大量老牌企业蓬勃发展,在不断变化的当下浴火重生,持续为产业贡献自身的力量。中车株机、中车株洲所研制了第一台客货两用电力机车,再到后续"株洲·中国动力谷"的建设,这里诞生了太多中国工业史上的"第一"。动力谷成功地实现了动力产业的聚集,轨道交通、新能源汽车等动力产业在这里发展良好,并形成了强大的供应链和产业链。如今这些株洲传统的工业产业已经成为株洲的代名词。

株洲作为中国的老牌工业基地,其蜕变实属不易。这其中最大的发展动力就在于株洲的创新。2019—2021 年,株洲全市研发

投入总量从 75.23 亿元增至 103.14 亿元,年均增长 9.27%,占 GDP
的比重从 2.86% 提升至 3.02%,连续 4 年保持全省第一。其中,科
创动力对全市经济发展的贡献率达 65%。除了传统工业外,战略
性新兴产业如电子信息、新材料等,也在不断发展,产业升级正加
速推进。2022 年的政府工作报告显示,株洲培育出 29 家国家级
"小巨人",数量高居中西部非省会城市第一。不管是大功率半导
体、光纤陀螺的技术突破,还是复合材料的国内首创和替代产品研
发,株洲都取得了重大进展。

　　在这样的发展势头下,株洲拿出了优秀的成绩单(见图
7-6)。株洲 GDP 始终保持上升趋势,从 2015 年的 2 335.1 亿元增
长到 2022 年的 3 616.8 亿元,居于湖南省第 5 位,除省会外,仅在

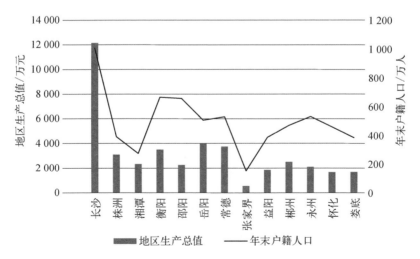

图 7-6　2020 年湖南省各城市 GDP 及人口对比

两大副中心岳阳、衡阳以及常德之后,且人均GDP超过 1 万美元。从财政收入看,2022 年,株洲财政收入达 148.4 亿元,全省排名第 3 位。在工信部下属的赛迪顾问智能装备产业研究中心发布的《2022 年中国先进制造业城市百强榜》中,株洲高居第 36 位。

株洲发展的劣势也很明显,即人口流失与长沙虹吸效应的影响。2021 年,株洲人口总量仅为 388.33 万人,排在全省第 9 位,与常德、衡阳等市人口总量的差距在百万人以上。再从 10 年来株洲人口的增长看,株洲 2011 年总人口数为 386.1 万人,虽有过增长波动,但实际仅增长 2.23 万人。株洲 GDP 常年在省内排第 5 名,始终无法实现大的突破,也有人口过少的原因。这样的人口增量,对于一个以产业为先发优势的城市来说是远远不够的。随着长株潭一体化程度的加深,长沙对周边城市的虹吸效应无法避免。株洲拥有良好的产业基础,寻求出路再创辉煌是当务之急。

株洲要做到快速引进人才,首先要做到的就是强产业。只有产业强,才能带动地方经济的发展和就业岗位的增加,从而引领城市品牌的建设。株洲身处长株潭,毫无疑问要立足长株潭的发展方向,寻得自身的独特定位。这要求株洲不能仅以原有的地级市要求自己,而是要放长眼光、放大步子,主动加速融入长株潭工程机械产业发展集群之中。两大国家级产业集群建设正是株洲的机会所在。在产业集群的建设中,能切中要害的营商政策、人才政策制定需要快速跟上。在发展地方企业的同时,做好产业集群内企业的招商引资,让园区、产业更上一层楼,最终再次打响株洲的城市品牌。

在长株潭三城产业各具特色的前提下,株洲应依托自身产业优势,引入长沙、湘潭的优质产业龙头协同发展,实现对自身产业链的补强和新兴产业链的完善。株洲地接江西,正是实现湘赣合作对接、共促中部城市发展的绝佳区域。株洲应抓住机会,增强株萍(乡)吉(安)三市合作,形成优势互补的发展局面。

株洲要做到补强长株潭的产业短板,在新时代寻求自身新优势。当前株洲已经在数字经济和卫星产业布局,北斗产业园已经有一定成绩。未来长株潭协同,株洲完全可以促进新兴产业的发展,形成更具特色的全新产业。

7.4.3　湘潭:机电轻工基地

湘潭历史悠久,有着传承久远的“金湘潭”一称,足以看出当年的湘潭商贸业的繁华程度。《湘潭县志》里称湘潭县是“财赋甲列县”“湘潭富饶为湖南第一,凡捐输皆倍列县”。在湘军兴起后,有“军饷半出湖南,湖南又半出湘潭”之说。

湘潭真正在历史上留下印迹是在明万历年间。此时正逢长沙港口淤积严重,难以停泊商船,湘潭获得了巨大的发展机会,从此湖南的商业重心开始南移。清代的海禁让湘潭作为能够和广州发生转口的内陆城市,让更广阔的商路在这里形成,最终成为中原、江浙货物入两广和川黔的重要中转站和集散地,来往人员常年不下十万人。此时的湘潭可谓湖南乃至全国的经济中心之一,“小南京""天下第一壮县"等称号也接踵而来。这里同样是名人的聚集地,不论是毛泽东这样的革命伟人,还是齐白石这样的文人墨客,湘潭可谓独领风骚。

在新中国成立后,湘潭又是另一番模样,尤其是其工业的发展走上了一条快车道。"一五""二五"时期,湘潭就已成为国家 23个重点发展的工业城市之一,且被列为中南地区重点建设城市之一。湘潭钢铁厂、江麓机器厂、江南机器厂等优质国企的落户,让湘潭的工业基因愈发浓厚。从 1985 年起,湘潭就开始不断增强大中型国企活力,力求快速实现工业的突破,做好"强工富市"。随着传统工业向现代工业的发展,湘潭老工业基地以国企为发力点开始全面转型升级。现在的湘潭以机电轻工产业作为主要发展特色,地方国企华菱湘钢、湘电等企业已经逐步走上智能化的道路,向着产业升级之路不断迈进。2022 年,湘潭市在湖南省各城市中人均 GDP 达到 99 539 元,排名第二,走出了自己的发展之路。

但从长株潭三市来看,湘潭似乎一直是塌陷的一方。2022年,湘潭市的 GDP 仅为 2 697.5 亿元,排名全省第 7 位,虽然较株洲仅落后 2 名,但差距将近千亿元。2021 年年末,湘潭全市总人口数为 270.9 万人,位于全省第 12 名,仅高于湘西土家族苗族自治州和张家界。

人口的流失带来 GDP 的短板,企业品牌发展也出现了瓶颈。在 2021 年湖南省发布的首批"湖湘精品"中小企业名单中,湘潭仅有 7 家,数量远低于株洲和长沙。在国家发布的先进制造业集群中,长沙和株洲纷纷上榜,湘潭黯然失色。再看上市公司的数量,截至 2021 年 5 月,湘潭仅仅有 4 家,远低于株洲的 12 家和岳阳的 11 家,更不要提长沙的 56 家了。虽然湘潭有着良好的工业产业基础,湘钢、湘潭电机厂、吉利汽车等都是优质的规模以上企业,但是放在长株潭的发展步调中,始终显得落后一步。

那么,湘潭又要何去何从?

实际上,湘潭具备旁城难以企及的发展基础,且不提产业基础,湘潭拥有 8 所本科、6 所专科高校,在教育资源上仅逊于省会长沙,学研资源丰厚。2020 年,湘潭有各类科研机构 97 所,各类专业技术人员 13 万余人,每万人拥有专业技术人员数、每万人专利申请量和每万人专利持有量均居全省第 2 位。

在科教实力上,湘潭也毫不逊色。湘潭拥有高新技术企业 395 家,国省企业技术中心 48 家,国省实验室、工程技术研究中心 56 家,各类科技开发机构 300 余家,引进两院院士、在潭工作院士 16 人,组建院士工作站 14 个,建设了湖南省先进传感与新一代信息技术研究院、华研实验室、国家数学应用中心、新松机器人(湘潭)联合研究院、湘潭智能制造研究院等一批重大创新平台,逐步建立了以企业为主体的产学研用相结合的创新体系。这在长株潭,乃至湖南省,都是一笔不可忽略的财富。未来长株潭会成为中部城市交通的重要枢纽,湘潭应该积极向长沙靠拢,大力承接长沙和湘江新区的外溢资源以及企业,从而整合自身产业资源,带动企业和产业的升级。湘潭所拥有的大学资源可以同时发挥作用,进行产学研平台的建设和科技成果的转化,为产业升级贡献力量。

湘潭的园区建设也独树一帜。2020年,园区工业占湘潭市规模以上工业增加值的比重为78.1%,各省级园区形成各具特色的产业链体系,共同推进产业建设。园区品牌是产业品牌的基础,湘潭要做的不应仅仅是提升园区产值,更应该做好园区品牌建设,提升园区知名度,为未来产业升级和企业引入打下良好的基础,从而实现产业的集聚和升级。

此外,湘潭位于洞庭湖水系,毗邻娄底,未来可以长株潭的资源为基础,成为外部城市的向心延展中心,从而扩大整个长株潭的影响力。在文化上,湘潭的红色文化名片正是发挥优势的时候。商贸和历史的底蕴协同城际轨道,能够承接来自长沙的外溢旅游资源,扩大长沙的网红经济效应。

7.4.4 岳阳:长江经济带绿色发展示范区和省域副中心

岳阳又称巴陵、岳州,常出现在古人的诗句和现代的课本中。岳阳是湖南省域副中心城市,位于洞庭湖畔,拥有2 500年的悠久历史。提到岳阳,可能人们第一个想到的就是千年岳阳楼和浩渺洞庭湖。但是岳阳的标签不仅仅于此。岳阳是国务院首批沿江开放城市,也是湖南首个门户城市和唯一的国际贸易口岸城市。

岳阳位居洞庭湖水系,这里三湘四水涌入洞庭,又毗邻湖北,可以说是中国水路交通的要道,城陵矶港正是这一优势的体现。洞庭湖生产水域非常广阔,能够为工业和农业的发展提供源源不断的动力,也为居民生活用水提供了便利。从生态角度看,洞庭湖又有着优质的观赏水域,除了主湖外,南湖、芭蕉湖等子湖星罗棋布,是具备极大优势的旅游生态资源。此外,京广线和三荷机场为岳阳接通了空陆两大要道。这让岳阳在长江经济带上的地位变得更加重要。岳阳通过水空港口,既能连接成渝地区的双城经济圈,又能连接长三角,成为内陆和亚太地区连接的重要纽带。铁路大通道让岳阳能够牢牢连接长沙、武汉这两个大型中部都市圈的核心,还能够向东链接江西,从而保障中部各省份城市之间的经济联动与创新协作,最终打造"中三角"要素聚集流动的中心城市。

区位的优势能够带动产业的提升。岳阳的产业发展和其地理位置是分不开的。岳阳作为国务院首批沿江开放城市,具备国际远程通航优势,城陵矶港作为内陆深水港,在国内占据着独一无二的内陆港口地位。而岳阳的第二优势在于化工产业的发展。化工产业是岳阳的支柱产业,长岭炼化、中石化等国企龙头坐落于此。岳阳从化工原料到炼化,再到化工产品的制造,已经形成了完备的化工产业集群。

在这样的优势加持下,岳阳未来的腾飞可以说是显而易见的。岳阳市的 GDP 呈现着快速上涨的趋势,10 年来的 GDP 涨幅达 156.3%,2022 年的 GDP 高达 4 710.7 亿元,位居全省第二,高于长沙的 125%。此外,岳阳共有 11 家上市企业,上市企业数量在湖南排名第三,仅次于长沙和株洲。在高质量发展之路上,岳阳同样不落人后。2022 年,岳阳共有省级高新产业园区 8 个,53 个省重点建设项目超额完成年度任务,投资率高于全省平均水平 7.4 个百分点,二者都位居全省第一。产业发展正被插上创新之翼和奋进之羽,岳阳的飞跃蓄势待发。

然而,岳阳的发展也并非一帆风顺。岳阳的人口常年来呈现下降的趋势。相较于 2012 年的 537.8 万人,10 年来岳阳的人口已经下降至 504.2 万人,流失了整整 33 万人。长株潭的发展对岳阳的虹吸不可避免,大量人口的流失引起城市活力衰退,为未来城市可持续发展埋下了隐患。

再从产业层面看,岳阳的产业规划中包含七大千亿级产业、13条优势产业链,实际上过于庞杂,缺乏能够串联产业发展的主线。产业的顶层设计不清晰,也导致了底层招商和运营的混乱,出现了本地资源利用不够完善、外来资源也没有利用好的局面。未来岳阳需要一个能够串联整个城市产业发展的主品牌,才能充分发挥自身优势。

岳阳实际上有巨大的发展机会。岳阳在当前内部动能不足的情况下,势必要寻求外来资源的快速聚集和突破,从而产生化学反应。岳阳地处洞庭湖区,拥有城陵矶港这个能够内外沟通的枢纽和资源集聚处,是湖南省在长江经济带的最前沿,也是长株潭融入长江经济带的绝佳关口,未来这里将会成为湖南对外经济延展的重要平台。岳阳做强做大,受益的不仅仅是长株潭,而是整个湖南省。

在岳阳具备如此巨大优势的情况下,如何真正将优势转化为城市品牌? 只有在明确城市优势、锚定城市名片的基础上,才能集中力量爆破市场,做到城市知名度的二次、三次甚至多次扩散。在找准主品牌的基础上,岳阳要充分发挥自身优势,以长江经济带为引领,发挥自身对外交通枢纽的优势。城陵矶港在其中势必扮演重要的角色。城陵矶港对内能够做到和四水码头互通,带动湖南省内部的发展,对外能够吸引云桂黔鄂等省市商业外贸发展和资源的汇集交流。岳阳向北对接城陵矶港并发展该片区,未来将成为当地在长江经济带对外交流的通道,汇集五湖四海的资源,从而带动整个洞庭湖区域的快速发展。

要发展岳阳,除了长江经济带,另一个重要助力就是长株潭。长江经济带和长株潭之间是相辅相成的,长株潭未来的对外贸易沟通和经济的发展离不开长江经济带,而长江经济带的快速发展,也可以引领长株潭的发展。长株潭的工程机械产业向外沟通、文旅资源外溢,第一受益方就是岳阳。岳阳作为这一战略的实施要地,毫无疑问要在做好链接枢纽的基础上,利用好自身优势,抱紧长株潭的发展方向,从而发挥自身的文化优势、生态优势,承接第一波外溢资源,促进自身发展。

7.4.5　衡阳:产业转移桥头堡和省域副中心

衡阳地处衡山之南,山南水北而称"阳",又因"北雁南飞,至此歇翅停回"的回雁峰而被赋予"雁城"这个美丽的名字。衡阳历史悠久,既是古代火文化的发祥地,也是中原文明的发祥地,嫘祖、大禹都曾在这里留下自己的印记。到了近代,由于铁路的兴建,衡阳成为西部地区的唯一通道,岳阳机场又是东南、西南空中航线的中间站,因此成为西南门户,承接了上海、武汉、长沙等地的贸易和人员转移,逐步成为地方工商业的中心。1938年武汉沦陷后,岳阳与重庆、昆明成为中国战时的中心城市,有"小上海"之称。衡阳在近代史上承载了诸多大事件,南岳军事会议、衡阳保卫战……这让衡阳在近代中国历史上成为不可或缺的城市。

衡阳的工业发展兴起是在战时,大量企业的内迁带动了衡阳产业的发展。根据当时的记载,抗战时期厂矿企业大迁移,迁入衡阳城区的有83家,迁入衡阳下辖各县的有11家。水口山铝锌矿局、中国植物油料厂、衡阳轧花厂等企业让衡阳成为当时的工业大城。随着企业的迁入,衡阳银行林立,金融业也获得了长足发展,民国三十一年(1942年),衡阳城内有各类金融机构64家,其中,金融管理机构4家,银行41家,保险公司7家,信用合作社12家。工商并举的衡阳当时财政收入剧增,列当时国统区重庆之后,排第二位①。

---

① 衡阳市人民政府网站.衡阳为什么能够在烽火岁月建市[EB/OL].(2020-11-23)[2023-11-01].https://www.hengyang.gov.cn/jdhy/hyxx/20201123/i2213781.html.

　　新中国成立后,衡钢、衡阳轧钢厂、湘衡盐矿、二七二厂、710厂等民用和军工企业纷纷落地,给衡阳的工业增光添彩,大量轻工业品牌由此诞生,飞雁缝纫机、芙蓉手表、喜鹊自行车和收音机都是当时的国民品牌。但随着工业升级,大量企业跟不上时代步伐先后倒闭,给衡阳的经济发展带来了冲击。

　　对比省内其他城市,2020—2022 年,衡阳 GDP 始终被岳阳和常德压了一头,处于四到五名的位置。衡阳市人口一直在流失,对比全国"六普""七普"即 2010 年至 2020 年湖南各城市人口变动,衡阳 10 年间流失了将近 50 万人,人口整体流失量排名全省第二。衡阳市 2022 年的第二产业增加值为 1 389.35 亿元,对比其他中部城市也相对较低。在金融机构非住户存款上,2021 年年末,衡阳仅为 1 190.2 亿元,只比 2020 年高了 3 亿元。2020 年,衡阳的非住户存款就已经远低于其他中部三线城市了(见表 7 - 2)。这说明衡阳当地的资本实力相对孱弱,外来投资少。这也是衡阳经济实力难以实现大飞跃的原因。

表 7 - 2　2021 年中部三线城市存款情况对比
单位:亿元

城市	存款总额	住户存款	非住户存款
洛阳	6 740.5	4 134.1	2 606.4
芜湖	5 254.06	2 153.95	3 100.11
赣州	6 415.49	4 270.68	2 144.81

续　表

城市	存款总额	住户存款	非住户存款
九江	4 500.58	2 449.24	2 051.34
阜阳	4 935.2	3 538.2	1 397
襄阳	4 651.66	3 422.49	1 229.17
衡阳	4 701.30	3 511.10	1 190.2

资料来源：各地政府颁布的 2021 年国民经济和社会发展统计公报。

那么,衡阳未来的机会在哪里?

首先是衡阳得天独厚的地理位置。衡阳地处湘南,与湘潭、株洲接壤,同时离两广非常近。随着两广不断发展,未来会带来资源的外溢。衡阳以此优势区位为基础,既是广东产业转移的桥头堡,又是粤港澳大湾区和内陆连接的重要枢纽。南岳机场、湘江互相配合,5 个高铁站、8 条高速、9 条铁路共同构建了立体的交通网络,成功建设出一座陆港型枢纽城市。

衡阳的产业基础也是不可多得的优势。衡阳作为国家 26 个老工业基地之一,覆盖了大多数工业行业类别,其规模以上企业、市场主体和工人的数量都是工业城市中的佼佼者。目前,衡阳的产业布局十分清晰,"一核两电三色四新"在核技术、电气电子以及有色金属方面形成了城市的独特风格,与其他城市有所区别。在衡阳被确立为省域副中心后,未来必将大有可为。在此基础上,衡阳要扩大自身优势,改善营商环境,加速招商引资,引导民间资本的进入和老湘商的回归,从而拉动地方产业的快速回升和就业人口的流入。

长株潭都市圈是湖南未来最重要的发展战略,衡阳处于长株潭南部,又在京广线上,正和岳阳一起对长株潭呈现拱卫之势。长株潭的发展也将影响湖南的发展,三者的共同发展将不断提升长株潭都市圈在中部的话语权和竞争力,从而争取更多国家级战略资源。未来的衡阳应当牢牢把握长株潭都市圈发展战略,通过产业、物流以及服务业和长株潭形成对接,从而实现湖南城市群模式在更大范围内的辐射带动作用,成为湖南南部对外的重要节点和中部交通的枢纽。

承接产业转移是加快地方产业结构升级的重要途径,也是城市厚积薄发、加快赶超速度的重要方式。"一带一路"、粤港澳大湾区等国家战略布局是沿海城市的机会,也是衡阳这类作为桥头堡内陆城市的机会。衡阳作为交通要冲,优秀的工业基础能够承接来自粤港澳和广东的产业资源,未来应加强营商服务以及合作交流,迎来人流、物流、资金流、信息流等生产要素的转移。头部企业带动发展,"专精特新"走出特色,未来衡阳必将和沿海城市形成良性互动,有力助推区域的转型升级。

随着中部省份地位的不断提升,湖南省的各大城市应该借助当下文化之风、产业之风,投入中部崛起战略之中。湖南省的城市正处在发展突破的关键时期,不久的将来,长株潭都市圈将依托城际便捷的交通和产业优势,成为长江中游城市群发展的重要引擎,也是长株潭都市圈和"3+5"城市群的核心载体。长株潭内部完善产业链的构建和产业高地的建设将带来资源的外溢,为周边的5个城市谋求发展新机会。岳阳、衡阳作为副中心城市,南北拱卫长株潭,成为长株潭对外交流的节点。未来湖南"3+5"城市群将成为一个大型城市群,城市之间的联系也将越发紧密。

（潘怡然　锦坤品牌咨询师）

第8章
中部城市崛起的中国意义

中部城市崛起有着至关重要的意义：不仅可以联动东西发展，打通南北一体化，还可以贯穿长江经济带，承接分流"一带一路"的产业转移，同时塑造多个内外双循环的枢纽节点，是中国经济高质量发展的理性选择和现实呼唤。

8.1 中部城市崛起的中国呼唤

2022 年，中部六省 GDP 合计约为 26.7 万亿元，约占全国 GDP 的 20%。中部六省是全国重要的能源基地和制造业聚集区，在地理位置上承东启西、融南贯北，战略地位极其重要。同时，中部地区的人口众多，市场潜力大。在以内需为主导的双循环格局下，中部城市也是中国区域经济的重要增长力量。

8.1.1 东西联动发展的连接纽带

2000 年，国务院成立了西部地区开发领导小组，由时任国务院总理朱镕基担任组长，时任国务院副总理温家宝担任副组长，主导落实西部大开发战略决策,以缩小中国西部地区和迅速发展的沿海地区的经济差距。

西部地区由于受到自然环境、地形和交通等客观条件的制约,经济发展较慢。中央和各级地方政府持续不断在西部投入建设了铁路、公路、港口、机场等基础设施,随着这些基础设施建设到位,西部地区的发展条件已得到显著改善。

然而,西部地区市场本身的内需仍旧不足,需要东部地区的带动。《2022西部县域经济百强研究》显示,在西部地区发展水平较高的百强县中,市民的人均社会消费品零售额仅为2.6万元,远低于3.1万元的全国平均水平。同时,西部地区还存在研发经费投入少、创新资源匮乏等问题。《2021年全国科技经费投入统计公报》显示,西部省份仅四川的研发投入经费达到了1 200亿元,位列第9名(未包括香港、澳门、台湾),其余西部省份排名均在15名及之后,后10名中有7个省份为西部省份。

中部城市位置独特,中部城市崛起可在东西地区的资本、人才、技术、信息等要素互动中起到纽带作用。在双循环经济格局和共同富裕的要求下,东西联动需要中部地区的协调与承接,包括西气东输、西电东送、东数西算等。

8.1.2 联通南北的重要纽带

1945年,东北工业产值占到全国工业总产值的近85%,东北是当时全国的工业重地。然而,随着改革开放的深入,以东北为代表的北方经济逐渐下滑。2012 年,在 GDP 排名前 20 名的城市中,北方城市有 7 个;到了 2022 年,这一排行榜中的北方城市仅剩北京、天津、青岛和济南(见表 8-1)。

表 8-1　2012 年与 2022 年中国 GDP 前 20 名城市排名变化

2022 年 GDP 前 20 名城市	2012 年 GDP 前 20 名城市
上海	上海
北京	**北京**
深圳	广州
重庆	深圳
广州	**天津**
苏州	苏州
成都	重庆
武汉	成都
杭州	武汉
南京	杭州
天津	无锡
宁波	**青岛**
青岛	南京
无锡	**大连**

续　表

2022 年 GDP 前 20 名城市	2012 年 GDP 前 20 名城市
长沙	佛山
郑州	**沈阳**
佛山	宁波
福州	长沙
泉州	**唐山**
济南	郑州

注：加粗的为北方城市。

资料来源：各地方统计局、国家统计局。

2004 年，面对东北经济的持续下滑，中央提出了东北振兴战略，尝试用"新的机制"走出"新的路子"。但由于东北独特的产业基础和工业地位，在意见发布之初，东北城市的政策导向仍旧是以重工业制造为主。

根据中国东北振兴研究院在《东北地区产业结构偏离现象及全面振兴的产业政策思考》中的数据，在东北振兴政策实行期间，首批振兴东北启动项目中近 87% 的投资被投到原材料工业，近 12% 的投资被投到装备制造业。这种做法在短期内确实促进了东北经济的增长，但进一步巩固了重工业在东北产业结构中的地位。

2003—2012 年，以煤炭、钢铁、汽车制造等为主的东北，其

GDP 在全国的份额由 9.3% 上升至 9.4%，名义 GDP 年均增速达到 16.5%，略高于全国平均水平，表现出向好的发展势头。2013—2018 年，在产能过剩、供给侧结构性改革等环境变化背景下，东北 GDP 份额从 9.2% 下降至 6.3%，产业结构和经济结构对东北高质量发展的制约影响开始显现。

"十四五"期间，产业转型升级仍旧是以东北为代表的北方经济主要的发展方向。以东北为代表的北方经济的产业结构和经济结构的转型，不仅要内力推动，还需要外力协助。

随着中部城市崛起、产业转移以及交通网络的进一步打通，近一半地盘在长江以北的中部城市，通过自身发展可以逐渐起到辐射和带动北方城市产业结构转型和经济结构转型的作用。同时，中部城市可作为重要通道，促进人才、资本、信息等要素北上。以东北为代表的北方经济振兴需要中部城市的衔接与辐射。

8.1.3　贯穿长江经济带的战略考量

2016 年，《长江经济带发展规划纲要》发布，文件中确立了长江经济带"一轴、两翼、三极、多点"的发展格局："一轴"是以长江黄金水道为依托，发挥上海、武汉、重庆的核心作用，构建绿色发展轴，推动经济由沿海溯江而上梯度发展；"两翼"分别指沪瑞（上海到云南瑞丽）和沪蓉（上海到四川成都）南北两大公路运输通道，通过交通互联，增强沿江南北两侧腹地重要节点城市人口和产业的集聚能力；"三极"指的是通过长江三角洲城市群、长江中游城市群和成渝城市群发挥中心城市的辐射作用,带动周边区域发展;"多点"是指发挥三大城市群以外城市的支撑作用,通过与中心城市的经济联系与互动,带动区域经济发展。

从总体上看,长江经济带覆盖沿江 11 个省市,横跨我国东中西三大地理板块,连接东中西三大城市——上海、武汉和重庆,拥有的经济总量和人口总量约占全国的近一半,具有较大的发展优势和发展潜力。

湖北、湖南、安徽、江西四省作为长江经济带中游段的组成部分,是贯穿东中西三大板块的"必经之路"。长江经济带战略的成功实施,需要中部城市崛起。

8.1.4 "一带一路"产业转移的承接分流

随着劳动力、土地等生产要素的成本的上升,为保持利润空间和价格竞争力,东部沿海地区以出口为导向、劳动密集型产业为主的中低端制造产业,部分产业链开始向"一带一路"沿线上的东南亚国家如越南、印尼等转移。

相对于中国东部地区,这些东南亚国家不仅劳动力成本和土地成本更低,而且具有较多港口,在产业转移落地上具有一定的优势。然而,产业发展在东南亚国家却面临融资成本高、基础设施不完善、营商环境差等问题。

除去外部的政治环境影响,东南亚的优势主要表现在两个方面:一个是成本,另一个是出海港口(即交通)。中部城市不仅能

在一定程度上满足企业以上两方面的需要,还能提供更多的其他
价值。在交通上,我国中部城市开通了中欧班列,建设了国际空
港,为中部地区对外贸易提供了保障,并呈现出积极的成效。2022
年,中欧班列全年开行了 1.6 万列,发送了 160 万个标箱,通达欧
洲 23 个国家的 180 个城市,物流服务网络覆盖亚欧大陆全境。在
"一带一路"倡议下,中部城市成为中欧亚贸易往来的重要窗口。
中部城市在国际贸易中具有较好的物流基础。

　　在成本上,中部城市土地和劳动成本总体低于全国平均水平。
同时,中部地区的工业门类齐全,劳动者素质高,基础设施和营商
环境优良,能在产业落地和产业发展中起到积极的支撑作用。商
务部的数据显示,2022 年,我国东部、中部、西部地区实际使用外
资同比分别增长 16.1%、35.6% 和 17.9%。由此可见,中部地区使
用的外资规模明显增长,且增长率高于东部和西部地区,中部地区
已经成为外商产业转移和投资的承载地。中部城市的发展在"一
带一路"产业转移中起到了分流和承接的作用。

8.1.5　内外双循环的枢纽节点

　　2020 年,我国开始构建以国内大循环为主体、国内国际双循
环的经济格局,扩大内需成为我国经济发展的战略基点。中部城
市不仅在国际贸易中扮演着窗口的角色,更在扩大内需中起到至
关重要的作用。

　　中部地区地域广袤、人口众多。截至 2022 年年底,中部城市

凭借全国约 10.7% 的土地,承载了全国约 25.8% 的人口,贡献了全国 22% 的 GDP,发展潜力巨大(见表 8-2)。

表 8-2　2021—2022 年我国部分省区市
居民人均可支配收入排名

地　区	2022 年居民人均可支配收入/元	2021 年居民人均可支配收入/元
上海市	79 610	78 027
北京市	77 415	75 002
浙江省	60 302	57 541
江苏省	49 862	47 498
天津市	48 976	47 449
广东省	47 065	44 993
福建省	43 118	40 659
山东省	37 560	35 705
辽宁省	36 089	35 112
内蒙古自治区	35 921	34 108
重庆市	35 666	33 803
湖南省	34 036	31 993
湖北省	32 914	30 829
安徽省	32 745	30 904

续　表

地　区	2022 年居民人均可支配收入/元	2021 年居民人均可支配收入/元
江西省	32 419	30 610
海南省	30 957	30 457
河北省	30 867	29 383
四川省	30 679	29 080
广西壮族自治区	27 981	26 727
云南省	26 937	25 666
甘肃省	23 273	22 066

资料来源：各地方统计局、国家统计局。

从表 8-2 可知，2022 年中部六省的人均可支配收入排在 12 名到 17 名之间，相比于东部城市的人均可支配收入少 1 万到 2 万元。随着中部城市的发展，中部城市人均可支配收入水平的提高，中部地区的内需潜力将得到进一步释放。

就地理位置而言，中部地区交通发达，联通南北东西，在对外贸易、东西联动、南北协调、产业梯度转移等方面发挥着枢纽功能，能够促进跨区域资本、人才、技术、信息等要素的自由流动。中部城市崛起将有利于打通内外双循环的"枢纽节点"，成为中国扩大内需、寻求增量、保证各种生产要素通畅流转、维护国内国际循环和国内市场稳定的重要区域。

8.2　产业是中部崛起的动力来源

城市经济发展的基础在于产业。中部城市地域广袤、资源充沛、人口众多,具有良好的发展优势。在产业转型之际,中部城市的崛起需牢牢把握战略机遇,发展先进制造业、现代服务业和新型农业,形成中部持续崛起的动力来源。

8.2.1　先进制造业支撑地方经济发展基本盘

伴随着国际产业分工格局的重塑,我国产业已经开始从低端加工型产业向中高端先进制造业产业升级。中部地区各大城市也正呈现出发展先进制造业和布局未来产业以提高城市产业竞争力的局面。

以省会城市为例。武汉作为全国智力密集城市之一,在"十四五"规划中已体现出了以科技研发带动产业转型升级的布局。例如,打造数个世界级先进产业集群,聚焦基础零部件,研发先进工艺技术,增强产业链自主可控能力,等等。如合肥不断坚持创新研发,超前投资新兴产业,已然从以往"不被看好的县城"成为如今的集成电路产业高地。

除了省会城市,其他资源型城市的产业发展也正向资源高端化利用靠拢。例如,湖南郴州利用石墨、有色金属等资源优势,培育出新材料产业、电子信息产业和装备制造业三大千亿级先进产业集群。

类似的还有滁州。滁州凤阳拥有丰富的石英矿和二氧化硅，通过将这些材料资源与前沿产业紧密结合，滁州建立起了覆盖石英砂、硅片、光伏玻璃、光伏电池、光伏组件、逆变器、光伏边框、封装胶膜、光伏电站等较为完整的产业链条，打造出了光伏产业集群。

根据工信部发布的《先进制造业百强市（2022）研究报告》，截至 2021 年年末，先进制造业百强市总计完成规模以上工业增加值近 19 万亿元，占全国规模以上工业增加值的 60% 以上。一方面，先进制造业发展将趋于常态；另一方面，先进制造业成为如今工业经济增长的主要驱动力。

作为全国重要的制造业聚集区，先进制造业对中部城市保持并提高产业竞争力起到了至关重要的作用，是中部地方经济发展基本盘的重要支撑。

8.2.2　现代服务业促进新消费分级和新业态创新

现代服务业分为生产性服务业和生活性服务业。其中，生产性服务业逐渐迈向专业化，生活性服务业逐渐向高品质延伸，并呈现出两个现象：新消费分级和新业态创新。

新消费分级主要体现在消费端。随着交通网络密集化、城乡市场融合化、消费工具网络化、信息交流便捷化、消费内容特色化、企业布局下沉化，消费分级开始成为新趋势。不同收入、不同年龄、不同文化和不同地域,都可以在线上和线下找到更多的商品和服务。

新业态创新主要体现在供给端。现代服务部门通过为生产部门提供技术检测、品牌咨询、工业设计和创意传播等专业服务,协助公司把握市场变化,促进业态创新和技术创新,帮助城市产业提质升级。

8.2.3 新型农业带动乡村振兴和农文旅升级

城市发展不仅在于城区的发展,乡村发展同样重要。乡村既是粮食的生产地,也是重要的文旅空间,更是中部城市近三成人口的所在地。激发农业新业态,带动乡村振兴,同样是中部城市经济发展不可或缺的一部分。

新型农业通过专业大户、家庭农场、农民合作社、农业国资、农业民企等经营主体,整合资源要素、空间要素、生态要素,形成具有更大规模、更高集约化程度和较高市场竞争力的农业经营组织及新兴的农业业态,并通过规模化经济种植业务和文旅空间业务来实现乡村经济的增收。

例如,湖南湘丰村以绿茶产业为核心,依托湘丰集团,整合土地,发展茶旅经济。在此之上,湘丰集团通过雇佣村民、租赁土地以及与合作社分红的方式,实现村集体、农民和企业的三方共赢。2021年,湘丰村全村有良种生态茶园4 500多亩,直接从事种茶、采茶、制茶的人数占全村总人数的52.3%,村民人均可支配收入高于湘丰村所在乡镇的平均水平。新型农业不仅能带动乡村振兴,还能促进农业文旅升级。

8.3 园区是中部崛起的支撑载体

园区在中部城市崛起中担当支撑产业发展、承载产业落地的角色。园区既有具备政策优惠的产业园区,也有承载城市功能任务的新城新区,还有以景区、度假区、农业园区为代表的多业态文旅消费型园区。

8.3.1 经开区和高新区形成工业聚集

经开区和高新区是地方发展产业的前沿阵地,产业落地在经开区和高新区可以获得更多的政策支持和政策优惠。城市通过产业规划,可在经开区和高新区聚集某类主导产业,形成工业聚集,从而快速发展主导产业,带动城市和经济发展。

以武汉经开区为例,其主导产业为汽车制造业,在区内建立了以东风系企业为核心、以智新半导体和法雷奥等零部件企业为配套的千亿级汽车产业集群。2021 年,武汉经开区全区的汽车及零部件产业产值达 2 155 亿元。在此基础上,武汉经开区还围绕新一代汽车发展新能源和新材料产业,形成了包含 296 家规模以上企业和近 50 家重点企业的新能源与智能网联汽车产业集群。预计到 2025 年,新能源与智能网联汽车产业的产值将达到 3 000 亿元。

8.3.2　新城新区打通产消城一体化

除了经开区和高新区之外,新城新区也是中部城市发展新型特色产业、延长产业链的重要空间。多地政府都在尝试通过新城新区来实现城市的产业结构转型,刺激地方产业的进一步发展,带动周边城市发展。例如,武汉的长江新区、武汉新城、合肥的运河新城以及长沙的金洲新城等。

新城新区的建设不仅需要产城融合,还要产消融合。产消融合能使规划的产业包括制造业和服务业快速对接消费市场,为产业发展提供生存空间。故产消城一体化要求城市不仅要考虑产业的聚集落地问题,还要考虑人口基础和人口消费问题。

部分城市在做新城区的规划时,会在老城区的基础上做设计。例如,长沙的湘江新区,以拥有上百万居民的老城区和大学城为基础,向外梯次扩张,建设国际商务中心、商贸中心、产业发展轴、特色小镇等。这种做法不仅完成了规划产业的聚集落地,还解决了人口基础和人口消费问题,避免了各类产业因缺乏消费人口而无法生存,致使新城新区产业结构单一、投资回报不足的困境。

相比于在一片"荒芜"之中建设新城新区,"以老带新,梯次推进"的方法更容易聚集人气,发展新城新区的"成功率"也会更高。

新城新区要进一步发展,还得顾及产消与城区的融合。譬如湘江新区的特色是什么?能否形成明显的产业特征或者消费特征,从而刺激本地消费,吸引外地消费,聚集更多的配套产业,留住更多外地人口?如果把湘江新区打造成湖南的"智能应用新区",将产业与服务业相互融合并向消费者呈现,形成鲜明的城区特征,激发应用创新,那么,既可以建立产业高地,吸引顶尖企业投资落地,还可以聚集更多人才,发展更多业态。

8.3.3　度假区、景区和农业园区带动文旅农餐食

随着人们收入水平的提升,文旅园区进一步成为消费者的重要生活场景。度假区、景区和农业园区是文旅活动的载体,也是城市对外呈现城市形象和文化、塑造和打响城市品牌、帮助城市文旅农餐食融合发展的核心空间。

在文化强国的目标引领下,中部城市凭借丰富的文化底蕴以及众多的人口等优势,在国内旅游市场中发挥着重要作用。2023年春节期间,湖北省内 A 级旅游景区共接待游客 882.91 万人次,滑雪、温泉等主题度假区市场也受到欢迎。除休闲观光之外,旅游景区和度假村还是推广地方特色美食的媒介。例如,长沙的坡子街和武汉的户部巷都是美食爱好者的"打卡地",对武汉和长沙的特色美食起到了推广作用。

乡农体验同样是如今旅游的一大热点。农业园区作为乡农体验的主要场景之一,凭借现代化农业体系,同时具有文旅休闲和食

品生产及加工两大功能。通过特色的美食和文化体验,农业园区能够帮助乡村的美食特产和特色文化扩大知名度,树立"一乡一品"乡农品牌,推动乡村经济进一步发展。

8.4 品牌是中部崛起的超级 IP

城市建设需要产业和园区,城市的发展则更需要品牌和 IP。中部城市品牌可以从产业、城市、园区、企业和文旅五个方面进行打造。

产业品牌是"路子",城市品牌是"面子",园区品牌是"里子",企业品牌是"旗子",文旅品牌是"调子"。企业品牌这一"旗子"多了,才有了园区品牌的"里子",产业品牌的"路子"也由此会越来越宽,产业品牌的"路子"与文旅品牌的"调子"融合后形成了城市品牌的"面子"。

品牌"五子"看着像是五个分散的个体,但实际上是一个完整的整体,互为因果,密不可分,是中部城市崛起的超级 IP(见图 8-1)。

图 8-1 品牌"五子"关系

8.4.1 产业品牌是"路子"

城市产业作为城市经济发展的支撑,产业品牌越知名,产业发展的潜力就越大。城市产业品牌依托城市的产业集群,能在城市周边甚至全国范围形成较大的影响力。判断品牌知名度大小通常使用百度搜索指数。

从图 8-2 可以看出,城市品牌高知名度的背后是发达的产业经济的支撑。产业经济的背后,又是特色显著的产业品牌。

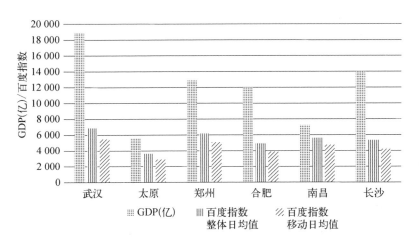

图 8-2 2022 年中部六省省会百度搜索指数与产业经济关系

资料来源:各地方统计局官网、百度指数(数据区间为 2023 年 8 月 25 日—2023 年 9 月 23 日)。

例如,合肥作为全国的 IC 之都(The capital of IC),围绕"合肥芯""合肥产""合肥用"的全链条产业集群,吸引了大量上中下游产业链的相关企业,是国内集成电路产业发展速度最快、成效最显著的城市之一。

又如武汉拥有丰富的科教资源,作为中国智力密集城市之一,通过专家引领、基地带动、产研学结合,成为中国光电子、大健康等前沿产业领域专利研究和应用的重要科创之城,也由此聚集了一大批高新技术企业,打造了三大世界级的先进产业集群、四大国家级的产业基地以及四大国家级的战略产业集群。武汉以产学研为核心的新兴产业品牌特色鲜明。

产业品牌对城市经济的发展具有驱动作用。如今中部城市的高端产业规划有趋同倾向,产品品牌难以建立。在此情况下,中部城市的产业发展和破圈需要城市在周边甚至全国范围内,树立具有鲜明特征和不同驱动逻辑的产业品牌,以形成差异化的良性竞争。

8.4.2 城市品牌是"面子"

城市品牌是城市内部市民和外部公众对城市的统一形象认知,中部城市的崛起需要打造城市品牌。城市品牌的建设要根据城市的特征,如文化特征、产业特征,树立鲜明、有特色的城市形象,打响城市知名度,以吸引投资、旅游、产业、人才等。

城市品牌的呈现在于城市的口号和符号。例如,网红城市长沙,自 2013 年以来一直喊出"快乐长沙"的口号,围绕生活成本低、幸福度高、网红打卡胜地等要素,深受年轻人的喜爱,其文旅相关产业"遍地开花"。2021 年,长沙在"中国城市品牌影响力指数"排名中位居第 15 位。

又如武汉,拥有"天下第一桥"长江大桥、"天下第一楼"黄鹤楼、全国先进的光电子产业集群、双一流大学武汉大学和华中科技大学等标志性符号,是人们谈及武汉的第一印象。2021 年,武汉在"中国城市品牌影响力指数"排名中位居第 8 位。

城市品牌的建设涉及方方面面。总体来看,城市品牌的"面子"需要文旅品牌的"调子"、企业品牌的"旗子"、园区品牌的"里子"和产业品牌的"路子"做支撑。

8.4.3　园区品牌是"里子"

园区是城市经济的承载空间,城市崛起需要打造更多数量和质量上更优质的产业园区。优质园区包括国家级高新区、国家级经开区、国家级 5A 景区以及国家级综合保税区等。国家级高新区和国家级经开区涉及城市的产业经济,国家级 5A 景区和国家级综合保税区涉及城市的文旅和贸易。

通过对比中部六省省会城市,可以看到这些优质的国家级园区对城市影响力的带动作用明显。优质园区由于自身的属性、引进的企业、覆盖的范围、涵盖的人群、发展的空间和知名度等,将扩大城市的知名度。园区不仅仅与城市的产业发展息息相关,对城市品牌影响力的建设也大有帮助。从图 8-3 中可看出,城市的优质园区数量越少,城市品牌的知名度也越低。

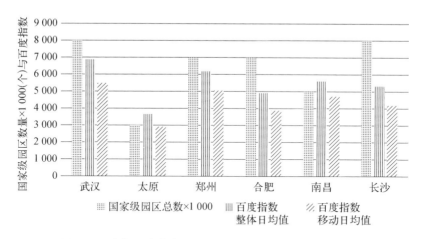

图8-3 中部六省省会城市对比(国家级园区数量与GDP)

资料来源:中华人民共和国科技部官网、中华人民共和国商务部官网、中华人民共和国海关总署官网、地方政府官网、地方政府媒体公示(数据截至2023年4月23日)、百度指数(数据区间为2023年8月25日—2023年9月23日)。

8.4.4 企业品牌是"旗子"

企业品牌对城市品牌的打造影响同样深远。一方面,有影响力的企业可以带动城市产业上中下游的发展;另一方面,有影响力的企业品牌还可以帮助城市做强有力的宣传。例如,武汉的周黑鸭和长沙的臭豆腐,当这些带有城市名字的连锁品牌在全国进行推广的时候,这些连锁品牌同时也在推广城市品牌。

通过对城市的规上企业总数、上市企业总数与城市品牌知名度分别做对比,可看出城市品牌知名度并非仅要求当地企业规模越大越好(见图8-4和图8-5)。在图8-5中,规上企业总数多

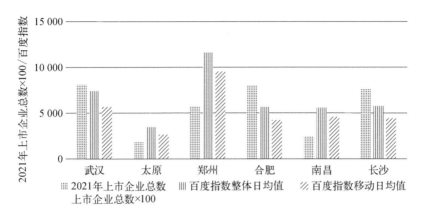

图 8–4　六省省会城市上市企业总数（2021 年）与百度指数关系

资料来源：各地方统计局 2022 年统计公报、湖南日报、同花顺、山西省统计年鉴、百度指数（数据区间为 2021 年 1 月 1 日—2021 年 12 月 31 日）。

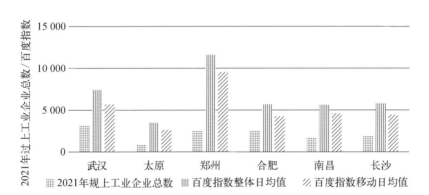

图 8–5　六省省会城市的规上企业总数（2021 年）与百度指数关系

资料来源：各地方统计局 2022 年年鉴、百度指数（数据区间为 2021 年 1 月 1 日—2021 年 12 月 31 日）。

的城市,城市品牌知名度可以很低;规上企业总数少的城市,城市品牌知名度可以很高。

由此可知,能够有效助力城市品牌传播的优质企业品牌至少要满足以下两点:① 要直接面对消费者;② 要携带城市特征或城市名字。满足这两点需求的品牌通常是与大家日常生活、生产、生态有关的"三生"品牌。例如,地方小吃品牌由于需要强调美食的独特性和正宗性,总是会在品牌前面添加城市的名字,这样的品牌在宣传过程中,就能提高城市的知名度。

对一个城市来讲,这些携带城市名字的企业品牌即"旗子"越多,城市品牌的曝光率就越高,城市品牌的知名度就越大。

8.4.5 文旅品牌是"调子"

郑州的少林寺、长沙的橘子洲、武汉的黄鹤楼、合肥的巢湖、南昌的八一南昌起义纪念馆……中部地区拥有丰厚的历史文化底蕴和独具特色的生态环境。充分挖掘文旅资源,建设文旅品牌,能够帮助中部城市快速"出圈"。文旅品牌的"调子"在于文旅 IP 的打造与引爆。

建立文旅 IP 要根植于城市的特色文化或者特色旅游景点,例如,郑州的嵩山少林文化、黄帝文化;武汉的英雄文化、黄鹤楼文化;合肥的包公文化、三国文化;长沙的都市文化和文娱文化;等等。选定文旅 IP 后,还要引爆 IP。在体验经济下,IP 的引爆可以通过节庆、赛事、会展等来体现和打造。

文旅品牌的建立和引爆在于通过这些具有吸引力、传播点和认知基础的文旅品牌和活动,广泛传播城市品牌。文旅品牌的"调子"越高,城市品牌的知名度也越大。

8.5　中部城市正在崛起

近 10 年来,中部城市发展迅速,武汉、合肥、郑州、长沙 4 个省会城市的 GDP 均超过万亿元,其中,武汉的 GDP 正在接近 2 万亿元(见图 8-6)。除强省会城市之外,中部六省还在规划副中心城市,县域经济也在积极发展。中部地区整体经济格局正在向优质化、高端化转型升级。

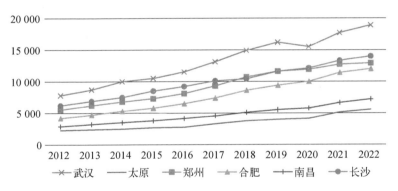

图 8-6　近 10 年中部六省省会城市 GDP 对比
资料来源: 各地方统计局官网。

8.5.1　引爆省会

到 2023 年年底,我国共有 10 个国家级都市圈发展规划在批,除了重庆都市圈之外,其他 9 个都市圈都是省会都市圈。都市圈与中心城市不同,中心城市表现为集中要素、发展做大,都市圈则在于以中心城市之强来辐射带动周边区域的共同发展,更加强调辐射作用。已成势的武汉、郑州如此,渐成势的长沙、合肥亦如此,正蓄势的南昌和太原亦然。省会不强,难以强全省。

以武汉都市圈为例。2023 年 2 月,武汉发布了《武汉都市圈发展三年行动方案(2023—2025 年)》。从交通上看,都市圈要建设综合交通网络,打造一小时通勤圈,促进经济要素流动。从产业上看,武汉领衔与各市共建高水平实验室和国际先进重大科技基础设施集群,以增强地方科技实力,提高地方创新水平。

此外,武汉还将传统制造业向周边城市转移,形成链主在武汉、配套在都市圈,融资在武汉、投资在都市圈的一体化产业发展格局和各市分工协作的产业布局。例如,在大健康产业上,武汉以武汉生物产业基地为龙头,支持咸宁发展护理康养产业。

省会城市在中部城市崛起中具有带动作用和战略作用。中部城市崛起,需要省会城市的引爆。

8.5.2 打造副中心

省域副中心城市发展战略是区域经济平衡发展战略的内容之一。省域副中心城市的主要领导通常由省委、省政府领导兼任,是省域的第二大增长中心。

中部省份地域广阔,中心城市的协同辐射由于受地理因素限制,更多只能在都市圈范围内发挥作用,对于更加偏远的区域,则"心有余而力不足"。相关省份通过政策和资源倾斜,打造省域第二大中心城市,可作为省域经济平衡的战略延伸。

副中心城市所在地通常距离中心城市更远,周边欠发达县乡更多。副中心城市的打造,能够提高所在省份的城市化率,协调城乡关系,实现农业农村现代化。从这点上看,安徽最新规划的副中心城市芜湖有点"手短"了。从中长期来看,安徽或将在北部地区再选择一个副中心城市。

在副中心城市的选择上,至少需要满足四个条件:一是城市具有完善的交通网络基础,使得各类生产要素等可以有效流通;二是城市的综合实力在全省位居前列,且上升势头强劲,具备产业优势和人口优势;三是城市的营商环境要利于新项目的投资落地,并且能够有效吸引配套产业;四是城市要有一定的科研实力,对人才的吸引力强,能够起到带动自身及周边地区产业转型升级的作用。

芜湖作为安徽省的全国性交通枢纽城市,是长三角地区连接中原城市交通网络的途经之地,具有交通便利优势。同时,芜湖在地理位置上接壤马鞍山、宣城、池州、铜陵南部四城,且临近黄山北部,周边可辐射范围广。

在产业上,芜湖的产业发展势头良好。2022 年,芜湖工业战略性新兴产业产值增长 15.6%;高新技术产业增加值增长 47.6%,高出全省平均水平 6 个百分点以上;汽车及零部件产业增加值突破 2 000 亿元,汽车制造业销售总量居全省第一。

在营商环境上,芜湖通过"畅聊早餐会""1%工作法""容缺受理"和 7×24 小时"随时办"等办法,成为安徽省营商环境最好的城市之一。2022 年,芜湖市新签约的亿元以上项目达 695 个,新增企业主体达 2 万户,常住人口新增近 6 万人。

在科研上,芜湖 2022 年全社会研发投入占该市 GDP 的3.48%,居全省第一;万人有效发明专利拥有量达 59.5 件,连续 11年居全省第一;人才引进数量也是翻了两番。

芜湖虽然"手短",但城市本身的确是安徽副中心城市的最佳选择。有了合肥的辐射和芜湖的带动,安徽南部城市崛起只是时间问题。

8.5.3 搞活县域经济

2022 年,赛迪中部百强县榜单发布。赛迪研究院将中部各县市从经济实力、增长潜力、富裕程度、绿色水平 4 个维度进行排名。榜单中,河南省的县市入榜数量最多,共有 30 个县市入榜;湖北、安徽和湖南三省的县市入榜数量大体相当,分别为 22 个、21 个和 20 个;江西省与山西省也分别有 6 个和 1 个县市入榜。河南、湖北、安徽、湖南四省的县域经济发展较好。

百强县市通常凭借产业基础优势、生态资源优势、地理区位优势等,积极推动现代化、高端化的产业转型,延长产业链条,增强科技属性,在省、市总体的产业转型中起到了推动作用。例如,湖南的浏阳市,在电子信息、生物医药、智能装备、新材料、烟花爆竹等领域,积极向高端化、智能化、绿色化发展。通过园区产业规划、企业引进、与研究机构合作等方式,浏阳市吸引培育了高新技术企业 565 家、省级市级智能制造示范企业 273 家,打造出了电子信息、生物医药两大具有千亿产值潜力的产业集群。

2021 年,百强县的 GDP 总量达到 5.6 万亿元,名义增速达到 10.6%,百强县对中部地区经济支撑效应明显。

中国之中,源于中部。

中部崛起,起在城市。

中部崛起对于中华民族伟大复兴的意义巨大。它既是国内大循环、国内国际双循环体系的关键节点,又是中国应对全球复杂局势的重要依仗,更是贯彻新发展理念,实现大国经济和强国发展的必由之路。

中部城市崛起不仅有方向可依,更有方法可循。更重要的是,中部城市崛起有着非常重要的现实意义,不仅可以打通南北经济一体化的辐射作用,还可以贯穿东西长江经济带,也可以承接"一带一路"的产业转移,更是内外双循环的枢纽节点和中心承载体,可谓中国下一步实现高质量发展的理性选择、现实呼唤和最大增长点。

我们从历史变迁、区位空间、政府政策、产业发展和品牌突围等方面,对中部各个经济区块和主要城市进行了战略解析和路径设计,并讲述了中部城市崛起的中国意义和未来价值。

IP 引爆和产业打造已成为当下各类各级城市发展的超级密

码。我们从城市的产业、园区、品牌等角度，为中部城市的发展和建设提供了产城园企一体化的方法指引和想象空间。城市已成为产业、园区和企业的最大发展载体和超级 IP。

当然，不同地区不同城市由于具有不同的经济环境、地理区位、文化属性、战略机遇和产业优势等，往往需要采取一些个性化设计和倾斜性政策，在学习、借鉴和采纳相关理论、方法及体系的过程中，各城市还应实事求是、因地制宜。只要抓住了产业、园区和品牌这三大重要抓手，中部城市崛起就只是时间问题。中部崛起，未来可期！

（石章强　锦坤品牌创始人）

索　引

后　记

　　萌生组织编写这本书的想法，是在陆续看到两位学生写的几篇与城市相关的文章之后。一位是上海交通大学安泰经济与管理学院 EMBA 学生石章强。我是他的论文指导老师。EMBA 学生找经济学教授做论文导师的并不多。另一位是汪志强。他在安泰曾经下设的经济学院就读期间，是农业经济方向的硕士研究生。他们写的那些城市的文章都很棒。汪志强用笔名"四方君"在"秦朔朋友圈"的文章有很高的阅读量。

　　中国地域广大，城市众多。我思考再三，觉得当下撰写中部的城市可能比较有意义。《中部城市崛起》的书名跃然纸上。在我提出这个想法后，得到了他们的积极响应，就有了现在这本书。

　　这本书的分工情况如下：我设计全书的结构，修订全书文稿，并撰写前言和第 1 章；石章强组织了第 2、4、6、7 章的写作，并撰写了第 8 章；王赟赟撰写了第 5 章，并协助我完成全书的统稿工作。

各章作者的姓名、单位均署于每章的末尾。

感谢上海交通大学出版社两位编辑汪俪和徐唯，她们认真负责地工作，使本书能够以现在的样子面世。

陈　宪

2024 年 1 月 4 日